Jugendpresse Deutschland e.V., Ory Daniel Laserstein (Hrsg.)

Das Schülerzeitungs-Handbuch

für junge Medienmacher

Ein Projekt der Schülerzeitungs-Offensive
der Jugendpresse Deutschland e.V.

Das Schülerzeitungs-Handbuch

Herausgeber:
Jugendpresse Deutschland e.V., Wöhlertstr. 18, 10115 Berlin
Ory Daniel Laserstein

1. Auflage, November 2009

V.i.S.d.P. und Koordination:
Ory Daniel Laserstein, c/o Jugendpresse Deutschland e.V., Wöhlertstr. 18, 10115 Berlin

Grundlage für das Buch war die Online-Version des Schülerzeitungs-handbuches der Jugendpresse Deutschland aus dem Jahr 2005. Das Buch entstand in Zusammenarbeit mit der Servicestelle Jugendbe-teiligung im Rahmen des Programms „Ideen für mehr -- ganztägig lernen!"

Die Autoren des Handbuches sind:
Filipo Cataldo, Christian Fuchs, Silvio Heinze, Lars Kämpgen, Patrick von Krienke, Holger Kulick, Ory Daniel Laserstein, Jochen Markett, Sebastian Nikoloff, Peter Stawowy, Nico Semsrott, Greta Taubert

Überarbeitet und aktualisiert im Jahr 2009 von:
Anna-Lena Alfter, Nele Balser, Annika Gläser, Roman Kreusch, Susann Krieglsteiner, Patrick von Krienke, Ory Daniel Laserstein, Gerrit Bastian Mathiesen, Isabell Modla, Daniel Protzmann, Sandra Schramm

Schlussredaktion und Lektorat 2009:
Ory Daniel Laserstein, Gerrit Bastian Mathiesen, Christian Wermke,

Titelfoto: Sanja Aleckovic/www.jugendfotos.de
Layout: Christian Tschugg, Wien, Österreich.
Herstellung und Verlag: Books on Demand GmbH, Norderstedt

Jugendpresse Deutschland e.V.
Wöhlertstr. 18
10115 Berlin
Tel. 030/ 450 86 550
Fax 030/ 450 86 559
E-Mail: buero@jugendpresse.de
Internet: www.jugendpresse.de

ISBN: 9783839135907

Inhaltsverzeichnis

Foto: Erik Hellsing/www.jugendfotos.de

Vorwort

von Ory Daniel Laserstein

Liebe Medienmacher,

aller Anfang ist schwer. So ist auch die Erstellung einer Schülerzeitung schwieriger als vielleicht zu Beginn angenommen. Hinzu kommt, dass man meist erst einmal allein mit der Idee steht. Dann geht es darum, Mitstreiter zu finden, ein Konzept zu erarbeiten, Artikel zu schreiben, zu layouten, sich um die Finanzen und die Druckerei zu kümmern. Man betreibt schon fast ein Kleinunternehmen mit einer Schülerzeitung. Und genau hierfür möchten wir, die Jugendpresse Deutschland, euch eine Hilfestellung bieten. Dabei sind die Kapitel nach dem Entstehungsprozess einer Schülerzeitung angeordnet, so dass man weiß, wie man eine Schülerzeitung gründet. Es dient aber auch dazu auf neue Ideen zu stoßen und bei Fragen oder Unsicherheiten Antworten zu bekommen. Genau für diese Dinge ist das Buch gedacht. Es ist im Jahr 2005 als Handbuch in einer Online-Version entstanden, um die Inhalte aktuell zu halten und es schnell verfügbar zu machen. Im Jahr 2009 haben wir uns entschieden, die Inhalte komplett zu überarbeiten und aufgrund der vielen Nachfragen dieses auch als Buch anzubieten.

Wir freuen uns immer, wenn jugendeigene Medien gegründet werden, denn hier kann man sehr viele Dinge – ergänzend zur Schule – lernen: Eigenverantwortung, freie Meinungsäußerung und demokratische Kultur. So ist es auch in unserem Sinne, diese zu fördern und wir sind froh, mit diesem Buch, aber auch mit unserer vielfältigen Arbeit *(siehe Kapitel 14)* einen Beitrag leisten zu können.

Ein großes Dankeschön geht natürlich an die Autoren und auch Gerrit Bastian Mathiesen und Christian Wermke, die das Buch komplett lektoriert und die Schlussredaktion gemacht haben. Danke auch an das Büro der Jugendpresse Deutschland: Anna-Lena Alfter, Jenny Buchwald und Hannes Petzold für die Unterstützung.

Und nun viel Spaß beim Medienmachen!

Ory Daniel Laserstein

JUGENDPRESSE
DEUTSCHLAND
BUNDESVERBAND JUNGER MEDIENMACHER

Jugendpresse Deutschland, Bundesvorstand

Berlin im November 2009

> Ory Daniel Laserstein, 23, hat sein Diplomstudium in Publizistik und Kommunikationswissenschaft bald abgeschlossen und hat selber mit 15 Jahren eine Schülerzeitung an seiner Schule gegründet.

Foto: Tino Höfert / www.jugendfotos.de

Redaktionsorganisation

Schüler- oder Schulzeitung?

Eine Schülerzeitung soll her — doch diese will gut organisiert sein. Das fängt bei der Redakteurssuche an. Schließlich schreibt sich eine Schülerzeitung nicht von allein.

Wird ein Lehrer fest in die Redaktion eingebunden, so führt das oft dazu, dass die Schülerzeitung den Charakter einer wirklich selbstbestimmten Arbeit verliert. Durch die größere Erfahrung und die damit verbundene höhere Argumentationsfähigkeit kann ein Lehrer in eine Rolle geraten, die weder er noch ihr wollt. Er bestimmt - bewusst oder unbewusst, direkt oder indirekt - wo es in der Redaktion langgeht.

An einigen Schulen gibt es „Schülerzeitungen", die von Lehrern ins Leben gerufen wurden. Dort spielt dieser manchmal die zentrale Rolle, ist presserechtlich verantwortlich und trifft die wesentlichen Entscheidungen. Einige Zeitungen werden sogar im Unterricht

Schüler- oder Schulzeitung?

oder in Projektwochen erstellt. Diese Beschreibung soll keine negative Bewertung darstellen, denn auch solche Zeitungen haben ihren Sinn. Eine „echte" Schülerzeitung ist nicht unbedingt besser, sie ist einfach anders. Hier könnt ihr selbstbestimmt arbeiten. Ihr müsst euch stärker engagieren, aber ihr entscheidet allein, was ihr tut.

Wenn sich eine Gruppe findet, die gern selbst Zeitung macht, sollte diese sich überlegen, eine Zeitung herauszugeben, die unabhängig von Unterricht und Lehrkräften erscheint. Denn das macht eine Schülerzeitung aus. Rechtlich ist es auch kein Problem, wenn an der Schule schon andere Zeitungen oder Zeitungsprojekte existieren: Es darf an jeder Schule beliebig viele Zeitungen geben.

> Soll die Schülerzeitung frei vom Unterricht und Lehrkräften erscheinen...

Es steht euch frei, einen Beratungslehrer zu wählen. Rechtlich seid ihr dazu nicht verpflichtet. Wenn ihr zum Beispiel in rechtlichen oder finanziellen Fragen oft unsicher seid, kann ein Lehrer vielleicht helfen. Voraussetzung dafür ist, dass ein gegenseitiges Vertrauensverhältnis besteht. Diese Entscheidung kann euch niemand abnehmen und sollte von der gesamten Redaktion getroffen werden.

> ... oder wählt ihr einen Beratungslehrer?

Sprecht mit der Beratungsperson auf jeden Fall ihre Aufgaben ab, damit sie weiß, woran sie ist. Sie sollte nur eine beratende Funktion haben, d.h. ihr fragt sie nur um Rat, wenn ihr in der Redaktion an einem bestimmten Punkt nicht weiterwisst. Wenn ihr sie bittet, nicht von sich aus in das Redaktionsgeschehen einzugreifen, hat das nichts mit Misstrauen oder Ausgrenzung zu tun. Eine Schülerzeitung wird nun einmal von Schülern gemacht, denn in dieser selbstbestimmten Arbeit liegt ihr besonderer Wert.

Redaktionsorganisation

Wie fange ich an?

Du willst eine Schülerzeitung an deiner Schule machen? Dann los: Sprich Mitschüler an, die vielleicht Lust auf das Zeitungsmachen haben könnten. Das ist meist die ergiebigste Methode, Leute zum Mitmachen zu animieren. Vereinbare mit den ersten Interessierten einen Termin, zu dem ihr euch schon ein paar Gedanken macht wie der Start aussehen könnte. Diesen Termin machst du bekannt über Aushänge auf dem Schulgelände, am Schwarzen Brett und über die Schülervertretung.. Eine Ansprechperson mit Angabe der Klasse sollte dabei auch genannt werden.

Die Redaktion

Auf dem ersten Treffen, am besten in Ruhe nach Schulschluss, könnt ihr euch erst einmal beschnuppern und erste Überlegungen zur Zeitung austauschen. Nach und nach werden sich dann die Interessenschwerpunkte zeigen, manche werden vielleicht auch nie wieder erscheinen. Eine Gruppe, die gut zusammenarbeiten kann, ist wichtig, verschiedene Interessen müssen aber auch vorhanden sein. Denn nur so kann die Zeitung eine gesunde Vielfalt entwickeln.

Es gibt nicht *die* ideale Schülerzeitung.

Eine ideale Schülerzeitungsredaktion gibt es nicht. Freut euch also erst einmal, wenn ihr viele interessierte und motivierte angehende Redakteure seid!

Jede „Profizeitung" hat eine bestimmte Ordnung, zum Beispiel von der Chefredaktion über die Ressortleiter bis zu den gewöhnlichen Redakteuren. Bei Schülerzeitungen geht es jedoch nicht um Geld und Macht, sondern um Spaß und gemeinsames Arbeiten. Daher sollten in der Redaktion alle gleichberechtigt sein.

Wichtige Entscheidungen werden von der Redaktion gemeinsam getroffen:

Die Redaktion

- Erscheinungstermine, Redaktionsschluss, Aufmachung, Umfang
- Auswahl der Artikel und Anzeigen
- Verkaufspreis
- mögliche Lehrerbeteiligung

Eine Person muss sich allerdings für den Inhalt verantwortlich erklären und daher auch „die Notbremse ziehen können". Das kann geschehen, wenn diese die Verantwortung für einen Artikel ablehnt, so dass dieser nicht gedruckt werden kann. Aus diesem Dilemma gibt es zwei Auswege:

> Wer hat die Verantwortung?

- Bei jeder Ausgabe der Zeitung ist immer eine andere Person rechtlich verantwortlich.
- Falls die Redaktion einen strittigen Artikel in die Zeitung aufnehmen möchte, übernimmt für diesen Artikel der Autor die Verantwortung.

Damit eure Arbeit möglichst reibungslos abläuft, ist es sinnvoll, für bestimmte Aufgaben jeweils eine verantwortliche Person zu benennen. So könnt ihr verhindern, dass sich für gewisse Dinge niemand zuständig fühlt und ihr euch dadurch selbst behindert. Wichtig ist dabei, dass wirklich nur einer für eine Aufgabe zuständig ist. Dies bedeutet nicht, dass diese Person sich um alles kümmern muss, sondern nur, dass sie den Überblick behält und die Aktivitäten koordiniert. Sinnvolle Zuständigkeiten für eine organisatorische Aufgabenteilung macht Sinn in den Bereichen Layout, Anzeigensuche, Geldverwaltung, Druck und euer Postfach in der Schule.

> Eine Aufgabenverteilung für die verschiedenen Aufgaben ist sinnvoll.

Redaktionell solltet ihr ebenfalls Aufgaben verteilen. Die Organisation wird mit der gesamten Redaktion besprochen und dabei sollte darauf geachtet werden, dass jeder einen Bereich bekommt. Sinnvoll ist es

Redaktionsorganisation

vielleicht, wenn ihr Zuständigkeiten nach Rubriken verteilt (Schulinternes, Politik, Aktionen usw.). Auch hier gilt: Verantwortlich sein bedeutet nicht, dass man alle Artikel schreiben muss, sondern nur, dass man dafür sorgt, dass angekündigte Artikel auch wirklich geschrieben werden.

Redaktionssitzungen

Damit alle wissen, was gerade passiert, ist innerhalb der Redaktion ein ständiger Informationsaustausch nötig. Nur wenn jedes Redaktionsmitglied über alle wichtigen Infos verfügt, können die Entscheidungen wirklich demokratisch getroffen werden. Um den Austausch beizubehalten, solltet ihr regelmäßige Redaktionssitzungen abhalten. Wenn ihr einen festen Termin vereinbart - zum Beispiel jeden zweiten Mittwoch nach der Schule - braucht ihr nicht ständig neue Absprachen zu treffen.

Eine Redaktionssitzung ist wichtig. Schafft am besten hierfür eine gute Atmosphäre: Knabberzeug und Getränke sollten nicht fehlen.

Auf den Redaktionstreffen werden die groben Inhalte der Zeitung diskutiert und festgelegt. Natürlich bleibt es jedem selbst überlassen worüber er schreibt. Aber erst die Absprache über die allgemeinen Inhalte macht die Zeitung zu einer runden Sache. So kann es beispielsweise sein, dass sich auf der Sitzung ein Schwerpunktthema herauskristallisiert, wobei mehrere Redakteure verschiedene Aspekte beleuchten wollen. Es kann auch passieren, dass ihr feststellt, dass ein bestimmtes Thema noch mit in die Zeitung soll, aber bisher von niemandem bearbeitet wurde.

Auch die einzelnen Rubriken und die dazugehörigen Verantwortlichen werden auf einem Redaktionstreffen benannt.

Post

Dass eure Schule euch ein Postfach zur Verfügung stellt, sollte selbstverständlich sein. Wenn ihr ein

Postfach habt, dann müsst ihr euch natürlich auch darum kümmern, dieses regelmäßig zu leeren. Nur so könnt ihr sicherstellen, dass ihr Einladungen und ähnliches rechtzeitig erhaltet.

Ihr solltet euch auch darum kümmern, dass ihr regelmäßig aktuelle Informationen zu interessanten Themen erhaltet. Sucht euch im Telefonbuch einfach die Organisationen, Vereine und Unternehmen heraus, von denen ihr zum Beispiel Presseinformationen erhalten wollt. Wenn ihr dort anruft, wird man sicher gern bereit sein, euch in den Presseverteiler aufzunehmen. Ihr werdet viele Pressemitteilungen, Informationsmaterial sowie fertige Artikel erhalten, mit der Bitte, dass ihr diese abdruckt. Denkt aber daran, dass ihr dadurch unter Umständen billige Werbung für kommerzielle Produkte oder gar zweifelhafte Institutionen macht.

> Man sollte sich in Verteiler eintragen, aber die dort enthaltenen Informationen kritisch begutachten.

Auch wenn euch Angebote gemacht werden wie: „Wenn ihr über uns berichtet, erhaltet ihr zehn CDs, die ihr verlosen könnt", überlegt euch gut, ob ihr auf dieses Angebot eingehen wollt (CDs die ihr verlosen könnt, erhaltet ihr aber auch von vielen Pressestellen der Musikverlage - auch ohne Gegenleistung).

Computereinsatz

Die meisten Schüler sind mit dem Umgang mit Computern und dem Internet vertraut, so dass die Texte und Bilder als Dateien gesammelt werden können. Problematisch kann jedoch das Layouten am Rechner werden, denn dazu bedarf es einiger Übung, bis es leicht von der Hand geht und alle Kniffe der Programme bekannt sind. Wenn aber nur wenige Redakteure darin versiert sind, sollten sich diese in der Zeit des Layoutens mit den einzelnen Schreibern treffen, um gemeinsam mit ihnen die Gestaltung der Artikel zu besprechen. Eine andere Möglichkeit ist, die Gestaltungswünsche (Platzierung von Fotos, Schrifttypen,

Redaktionsorganisation

Infoboxen etc.) aufzuzeichnen und zusammen mit der Textdatei abzugeben.

Am besten einen Seitenplan erstellen, damit man weiß, wo die Artikel untergebracht sind.

Das „Grundlayout", also die Standardaufteilung der Seiten und weitere elementare Gestaltungsmerkmale, beschließt die Redaktion gemeinsam. Vorher kann jeder Vorschläge einreichen, auch als Handzeichnung, die dann von den Layoutern am Rechner realisiert werden. So vermeidet ihr Konflikte nach dem Druck der Zeitung.

Für das gleichzeitige Arbeiten mehrerer Personen am Rechner bietet sich der Computerraum der Schule an. Dort könnt ihr im Internet recherchieren, Texte anfertigen, layouten, scannen und ausdrucken.

Zeitplan

Die Planung der jeweils nächsten Ausgabe beginnt nach dem Erscheinen der vorherigen Schülerzeitung, auch wenn die Zeitung nur alle drei Monate erscheint. Zunächst werden die Termine festgelegt:

- Der Erscheinungstermin ist frei wählbar, allerdings empfiehlt es sich nicht, mitten in der Klassenreisezeit herauszukommen.

- Da der Druck etwa eine Woche dauert, muss das Layout entsprechend rechtzeitig fertig gestellt werden.

- Um vernünftig planen zu können, müssen alle Artikel und Fotos bis zu einem bestimmten Termin fertig sein. Danach wird nur noch korrigiert und layoutet. Wenn ihr für die Korrektur und das Layout zusammen zwei Wochen berechnet, liegt der Redaktionsschluss also drei Wochen vor dem Erscheinungstermin. Dann werden auf einer Redaktionssitzung die Artikel besprochen und das Bildmaterial gesichtet.

- Der Anzeigenschluss ist der Termin, bis zu dem

die Anzeigen besorgt sein müssen. Normalerweise fällt er mit dem Redaktionsschluss zusammen.

Damit ausreichend Zeit zur Recherche und zur Anzeigensuche bleibt, solltet ihr alle Termine mindestens zwei Monate vor dem Erscheinen festlegen. Da erfahrungsgemäß die Zeit nie ausreicht, egal wie großzügig geplant wird, solltet ihr überall genügend „Luft" einplanen.

> Bei Terminen und Deadlines immer genügend „Pufferzeit" einplanen.

Es kann durchaus sein, dass ihr euch auf einer Redaktionssitzung mal so richtig streitet, nur sollte das auf einer sachlichen Ebene geschehen. Für den Zusammenhalt der Gruppe ist es wichtig, hin und wieder gemeinsame Aktionen zu unternehmen, die unabhängig von der Zeitung Spaß machen ins Kino gehen, gemeinsamer Wochenendausflug etc.). Ebenso kann eine gelungene Ausgabe auch ordentlich gefeiert werden.

Nachwuchs

Zu einer guten Redaktionsstruktur gehört auch, dass alle Klassenstufen vertreten sind. Daher solltet ihr ständig um Nachwuchs werben. Das geht beispielsweise, wenn ihr euch und eure Zeitung zum Beispiel in den neu eingeschulten 5. Klassen vorstellt und vielleicht ein paar Freiexemplare verteilt. Damit weckt ihr Interesse.

> Um Nachwuchsredakteure sollte man sich rechtzeitig kümmern.

Mit einer vom Alter bunt gemischten Redaktion stellt ihr sicher, dass die verschiedenen Interessensgebiete der verschiedenen Klassenstufen abgedeckt werden. Auch eine eigene Rubrik für die Unterstufe kann eine Möglichkeit sein. Wichtig ist, den Neulingen jede Tätigkeit genau zu erklären, selbst wenn das etwas länger dauert. Andernfalls kann es vorkommen, dass die Zeitung eingeht, sobald der „alte Kern" die Schule verlässt.

Redaktionsorganisation

Der Druck vor dem Druck - Wie halten wir den Zeitplan ein?
Ein Profitipp von Peter Stawowy

Eine Zeitung zu produzieren, ist immer eine hochgradig kreative Sache, kein Zweifel. Allerdings darf man dabei nicht vergessen, dass jede Zeitung auch immer harte und disziplinierte Arbeit bedeutet. Hier gilt die alte Regel: Je besser die Planung, desto besser das Ergebnis. Das gilt auch und vor allem für die Zeitplanung.

Denn die Erfahrung lehrt: Zum Ende der Produktion wird es immer knapp. Anbei ein paar Tipps für die Zeitplanung:

- Grundsätzlich die Empfehlung: Die Zeitplanung rückwärts vom Erscheinungs- bzw. Drucktermin rechnen. Wann soll die Zeitung erscheinen? Möglichst ja nicht in den Ferien oder in der Prüfungszeit!

- Zuerst solltet ihr den Erscheinungstermin festgelegen. Dann gilt es, mit der Druckerei zu sprechen, um die Zeit zu klären, wie lange die Zeitung vom fertigen Layout bis zur Auslieferung brauchen wird.

- Für die Redaktion: Ein Artikel schreibt sich nicht an einem Tag. Da gehören Recherchen dazu, die manchmal nur deswegen viel Zeit kosten, weil man jemanden nicht erreicht oder eine Quelle nicht zugänglich ist. Schon in der Heftplanung solltet ihr Termine nennen, welcher Text bis wann fertig sein muss! Dabei bitte nicht vergessen, dass das Layout auch noch mal ein paar Tage braucht.

- Gibt es Geschichten, die sofort und ohne große Recherche umgesetzt werden können? Der Termin, bis wann eine Story fertig sein sollte, darf nicht zu lang von der Auftragserteilung weg liegen - sonst fängt der Autor an zu schludern. Daraus folgt: Eine regelmäßige und kontinuierliche Abfrage, wie weit die Geschichte ist, ist sinnvoll. Die Nachfrage von Seiten des Chefredakteurs einen Tag vor Druck, wo der Artikel bleibt, ist deutlich zu spät.

- Es gibt leider gerade bei ehrenamtlichen Projekten auch immer mal Autoren, die gar nicht liefern, obwohl sie einen Auftrag gern übernommen haben. Gibt es Ersatzgeschichten, die man einsetzen kann? Die größte Gefahr: Die Leute, die sich sowieso immer zuviel aufhalsen, denn für einen Artikel braucht man manchmal einfach auch Zeit und Ruhe.

- Scheinbare Kleinigkeiten brauchen in der Produktion oft die meiste Zeit. Dazu gehören Überschriften, Bild- unterschriften, Korrektur lesen, Bildbeschaffung und Titelgestaltung. Wer schreibt die Lehrerzitate ab? Ist das Rätsel schon fertig? Eine gründliche, schriftliche Planung verhindert, dass wichtige Dinge unter den Tisch fallen und im falschen Moment wieder auftauchen.

Eine Branchenweisheit sagt, dass noch nie eine leere Seite in Druck gegangen ist. Allerdings sind schon viele Schülerzei-

„Du kannst gar nichts!" - Kritik austeilen und einstecken

Ein Profitipp von Peter Stawowy

Im Redaktionsalltag kommt folgende Szene regelmäßig vor: Ein Praktikant sitzt vor meinem Schreibtisch und zittert, weil ich gerade seinen ersten Text lese. Auf seiner Stirn sind folgende Fragen zu lesen, die ihm durch den Kopf gehen: Was wird der Chefredakteur sagen? Muss ich alles noch mal schrei- ben? Bin ich ein Totalversager?

Solche Fragen sind zwar normal, aber überflüssig. Denn zum Journalismus gehört nicht nur ein angeborenes Schreibtalent, sondern auch viel Handwerkskunst. Diese kann und muss man erst mal erlernen. Das funktioniert am besten, in dem man seine Texte von Kollegen kritisieren lässt und die Artikel anderer kritisiert.

Wer in den Medienbereich will, muss Kritik vertragen und auch geben können. Dafür gibt es ein paar Spielregeln:

- Kritik muss nicht zwangsläufig negativ sein - es darf durchaus auch gelobt werden! Eine gute Form für Kritik ist, die negativen durch positive Aspekte einzuklam- mern: Also positiv ein- und aussteigen!

- Die Kritik muss fair und sachlich bleiben und sich an der Sache, also dem Text, orientieren. Jede Aussage muss

Redaktionsorganisation

mit Formalien begründet werden. („Der Satz ist einfach zu lang", „Die Aussage ist total missverständlich", „Fremdwörter sollten vermieden werden").

- Es gilt, sich durchaus kritisch mit der erhaltenen Kritik auseinander zu setzen! Dazu gehört, so genannte „Schwätzer" zu entlarven. Andererseits muss man aber eben auch zugeben können, wenn jemand Recht hat.

Anders als in der Wirtschaft zählen im Journalismus nicht harte Zahlen, sondern oft auch ein eigener Stil oder die Fähigkeit, ein Gefühl für das zu haben, was beim Leser ankommt. Auch an dieser Stelle heißt es, sich mit der erhaltenen Kritik kritisch auseinander zu setzen. Vielleicht ist die eigene Idee doch so gut, dass man sich durchsetzen sollte? Viele neue, tolle Ideen sind auf einen gewissen Eigensinn zurückzuführen, dummerweise aber auch viele Flops.

- Aussagen wie: „Du kannst gar nichts!" und „Du bist doof!" zählen nicht zu konstruktiver Kritik. Solche Sätze zielen darauf, jemanden persönlich zu verletzen, in der Diskussion um das Produkt, also den fertigen Text, geht es aber nicht um den Autor, sondern um den Text. Beide Seiten müssen also lernen, konstruktive von persönlicher Kritik zu unterscheiden und das eigene Handeln daran auszurichten.

- Eine Unsitte, die gerade bei Blattkritiken häufig auftaucht: Redakteure, die sich rechtfertigen. „Ja, ich weiß, ich hatte einfach keine Zeit mehr" oder „Wollte ich so machen, habe da aber niemanden erreicht" interessieren vielleicht noch die Redaktion, den Leser aber nicht mehr. Also: Nicht Erklärungen liefern, sondern besser machen!

- Zum Schluss noch ein Hinweis: Die meisten Menschen nehmen negative Kritik viel aufmerksamer auf als positive, da macht ein kritischer Aspekt schnell mal drei gute Punkte platt. Das ist aber Quatsch. Beide Seiten, Kritisierter und Kritiker, sollten darauf achten!

Mein Fazit: Ich werde niemals einen Text nur aus Mitleid gut finden. Es geht um das Heft und den Leser. An Texten wie auch der eigenen Fähigkeit, gute Texte zu schreiben, kann

Themen

Was interessiert die Leser der Zeitung?

Und immer auch an die Leser denken. Welche Themen schaffen für den Leser einen Mehrwert? Wann ist ein Artikel interessant?

Schülerzeitungen bieten sich als ideales Testfeld für den angehenden Jungjournalisten an. Aber was ist ein Thema für die eigene Schülerzeitung? „Vom 22.09.2004 bis zum 26.09.2004 fuhren alle zehnten Klassen unseres Gymnasiums nach Südtirol zur Klassenfahrt". Ob da wirklich was Interessantes zu erwarten ist?

Sicher, die Klassenfahrt ist immer ein schulnahes Thema. Interessiert das aber wirklich die ganze Schule, wie 80 Schüler ein Museum auseinander genommen und die langweilige Busfahrt mit Cola trinken, Gummibärchen futtern und Karten spielen über die Runden gebracht haben? Oder gibt es

Was interessiert die Leser der Zeitung?

vielleicht doch spannende Aspekte an der Geschichte?

Wäre es nicht viel interessanter über Dinge zu schreiben, die sich der Leser nicht selbst denken kann? Etwa eine Statistik, wie viele Pärchen-Neugründungen es auf der Tour gab, wie kläglich der Begleitlehrer beim Kickerturnier versagte und dass das Klassengroßmaul bei der Tageswanderung schlapp machte?

Was deutlich wird: Ziel einer Zeitung, jedes einzelnen Artikels sollte sein, dass sie einen Mehrwert bieten. In den professionellen Medien spricht man vom sogenannten Nutzwert, der aus Service, Neuigkeiten oder auch einfach aus gelungener Unterhaltung bestehen kann. Erfährt der Leser irgendetwas Neues aus dem Artikel? Kann er darüber lachen? Oder verändert er danach vielleicht sogar sein Verhalten? Womit eine Reihe von Fragen feststeht, die sich eine Redaktion auf der Suche nach Themen stellen sollte: Wer ist mein Leser? Was erwartet er? Womit kann man ihn begeistern? Und am besten noch: Wie machen wir ihn zu einem Freund der Zeitschrift? Die Fragen sind keineswegs leicht zu beantworten. Denn fragt man die Leser selbst, was sie von einer Zeitschrift erwarten, sind diese meist wenig kreativ. Da muss sich das Team schon selbst einen Kopf machen und auch Entscheidungen treffen. Es gibt allerdings Hilfsmittel und -wege: Etwa andere Medien, die man sich sehr bewusst anschaut und auswertet.

Ein guter Redakteur beherrscht die Außenansicht: Sich selbst beim Lesen von Zeitschriften, möglichst auch der eigenen, beobachten und schauen worauf man reagiert. Welches Thema finde ich interessant? Wie könnte man das Thema noch angehen? Was habe ich gar nicht erst gelesen, bei welcher Geschichte habe ich mitten im Lesevorgang abgebrochen? Die

> Die Außenansicht ist wichtig – was finde ich interessant?

Themen

Selbstbeobachtung hilft dabei, ein Gefühl für mögliche und für weniger interessante Themen zu entwickeln.

Bei der Medienbeobachtung zählt auch die Auswahl der Testlektüre. In deutschen Redaktionen von Zeitungen und Rundfunkstationen sind eine ganze Reihe so genannter Leitmedien etabliert. Dazu gehören etwa der SPIEGEL, die Frankfurter Allgemeine Zeitung (FAZ), die Süddeutsche Zeitung (SZ) oder die BILD. Sie setzen oftmals neue Themen, die sich dann in vielen anderen Medien wieder finden und weiter diskutiert werden.

> Schülerzeitungsredakteure haben einen direkten Kontakt zur Zielgruppe.

Schülerzeitungsredakteure haben im Gegensatz zu professionellen Redaktionen noch einen Vorteil. Sie können auf kürzestem Wege mit der Zielgruppe in Kontakt kommen und so herausfinden, was die Leserschaft interessiert. Worüber wird auf dem Schulhof diskutiert? Was stört viele, was sorgt für Ärger? Natürlich können auch Nachberichte von Klassenfahrten und Veranstaltungen im Heft auftauchen, allerdings ist hier die (ungewöhnliche) Perspektive spannender. Es geht eben nicht darum einfach chronologisch zu erzählen, was passiert ist, sondern darum, eigene Beobachtungen wiederzugeben, so als wäre der Leser wirklich dabei gewesen. Als Leitfaden, wie man so einen Artikel aufziehen kann, hilft folgende Regel: Das, was man Unbeteiligten als erstes erzählt, ist immer das Spannendste - die eigene Erzählung gibt meist eine gute Gliederung für einen Artikel vor.

Vielfalt bringt's!

Ein guter Chefredakteur achtet auch auf die Mischung von kurz und lang, unterhaltsam und tiefgründig: Lehrersprüche sind ein beliebtes Element, um für kurzweilige Unterhaltung zu sorgen. Das Interview mit dem Lieblingslehrer ist gern gesehen, aber bitte nicht mit der Frage einsteigen, warum der Befragte ausgerechnet Lehrer geworden ist. Besser ist es mit ihm über seine Lieblingsband, seine schlimmsten Schulstreiche oder seine Führerscheinprüfung zu sprechen, um ihn näher kennen zu lernen. Denn die ungewöhnliche Perspektive macht den vorgestellten Menschen interessanter und den Artikel lesenswerter.

Tipp:

Den Aufruf zur Weltrevolution gab es schon oft genug, aber auch wenn Politik ein interessantes Thema ist: Besser ist es, das Thema auf die Situation des Einzelnen zu beziehen. Warum sollte sich mein Leser damit beschäftigen? An welcher Stelle betrifft es ihn ganz konkret? Überflüssig ist auch eine mehrfache Filmbesprechung vom Blockbuster, welche auch in allen anderen Blättern der Stadt zu finden ist. Dann lieber der abgedrehte Programmkinofilm, der sich als wirklicher Geheimtipp erweist. Die Selbstvorstellung einer Initiative, die eine Infotafel zur Rettung der Borkenkäfer in der Schule montiert hat, gerät übrigens in den seltensten Fällen zu einer gelungenen Geschichte, die gern gelesen wird. Da sollte besser der durchaus kritische Schulreporter ran, der sich auch die Frage zu stellen traut, was das ganze eigentlich soll.

Um eine gute Themenplanung und -mischung im Heft zu erreichen, empfiehlt sich immer die gemeinsame Redaktionskonferenz. Hier kann gestritten und diskutiert, entschieden und das Blatt positioniert werden. Gerade, wenn Themen festgelegt werden, bietet sich auch ein gemeinsames Brainstorming für die Umsetzung an - so kann die Redaktion gemeinsam Ideen entwickeln, welches Thema man wie angehen kann. Dabei ist extrem wichtig, dass das Team offen miteinander umgehen kann und jedes der Redaktionsmitglieder auch Kritik verträgt. Denn was nützt eine Schülerzeitung, gestaltet und geschrieben von lauter Eigenbrötlern und Künstlern, die keiner liest?

Recherche

Hinsetzen, Thema finden, loslegen? So einfach ist es im Journalismus nicht. Zu jedem Artikel gehört eine fundierte, ausführliche und präzise Recherche. Denn: Ein Artikel ist nur so viel wert wie seine Recherche.

Recherche braucht Leidenschaft, Ausdauer und Hartnäckigkeit. Denn wer recherchiert, stößt regelmäßig auf Widerstände - bei Schulleitern, Interessensgruppen oder Politikern. Kurz: bei allen, die ein Interesse an der Vertuschung der Wahrheit haben oder Dinge einfach gern in einem bestimmten Licht dargestellt sehen.

Doch wer gegen diese Widerstände angeht, wer die Spannung und die Möglichkeiten einer guten Recherche entdeckt und erlebt hat, der wird kaum zur Routine des früheren Alltags zurückkehren.

Die folgenden Kapitel sollen Lust machen, sich auf die Spur einer guten Recherche zu begeben. Und sie sollen zeigen, dass Recherche ein Handwerk, das jeder Journalist erlernen kann und sollte.

Was heißt Recherchieren?

Gute Recherchen führen zu wichtigen, oft exklusiven Informationen, die viele Leser, Hörer und Zuschauer betreffen, interessieren und auch fesseln werden. Gute Recherche gehört zur publizistischen Qualität jedes Mediums – auch einer Schülerzeitung.

Die Recherchekultur in Deutschland ist jedoch stark verbesserungswürdig. Nach Angaben von Thomas Leif, dem Vorsitzenden vom Netzwerk Recherche e.V., kommen bei uns zwei Drittel des journalistischen Materials aus PR-Quellen oder von Interessensgruppen. Hans Leyendecker (Süddeutsche Zeitung), einer der profiliertesten deutschen Rechercheure, hat einmal über den Recherche-Journalismus gesagt: „Die meisten, so glaube ich, verstehen darunter, dass man ohne Hilfe der Sekretärin eine Telefonnummer findet."

Was heißt Recherchieren?

Im Duden steht: Recherchieren bedeutet nachforschen, ermitteln, sich genau informieren, sich ein Bild von einer Sache machen und Hintergründe kennen lernen. Zum Alltag des Journalisten gehört es vor allem, Informationen zu sammeln, zu überprüfen und zu vervollständigen. „Recherchieren" heißt, die für einen Artikel/einen Beitrag nötigen Informationen zusammenzutragen und auf ihre Richtigkeit hin zu überprüfen.

Wie kann man nun aber Grundsätze der Recherche lernen?
Die einfache Antwort lautet: Indem man recherchiert! Der Lerneffekt ist am größten, wenn man etwas selbst tut - auch mit dem Risiko zu scheitern! Wir lernen wenig durch Vorträge, mehr durch Anschauung und noch viel mehr durch die Praxis.

Diese Kapitel können also nur ein Anstoß sein, eine erste Orientierungshilfe. Wichtig ist, danach nicht

Recherche

stehen zu bleiben und sich auf dem Gelesenen auszu-
ruhen, sondern mit Hilfe der Tipps eigene Recherchen
zu starten.

Grundlagen der Recherche

Für Thomas Schuler („Die Mohns"), einem erfahrenen
Recherchetrainer, sind zwei Erkenntnisse Grundvor-
aussetzung für jede Recherche:

1. Erst die „Faktenebene" klären, dann die Informanten nach ihrer Interpretation fragen.
2. Texte, die sich nur auf eine einzige Quelle stützen,
   sind tabu.

Zu 1.: Die W-Fragen: Ein Journalist gibt in seinen
Berichten Antworten auf die sieben W-Fragen

- Wer?
- Was?
- Wann?
- Wo?
- Wie?
- Warum?
- Woher?

Die Angabe der Quelle ist manchmal nur anonym möglich.

Ein Beispiel:

*In einer Schule geht das Gerücht um, ein Lehrer
habe eine Schülerin geschlagen, und ihr sei dabei
sogar das Trommelfell geplatzt. Als Redakteur einer
Schülerzeitung hört man nun von diesem Gerücht
und will darüber berichten. Der Redakteur muss
nun versuchen, Antworten auf die W-Fragen zu
bekommen.*

Nach Tom Schulers Regel gilt es, erst einmal die
„Faktenebene" zu klären, bevor man zur Interpretation

kommt. Folgende W-Fragen gehören zur Faktenebene: Wer hat was, wann und wo gemacht?

Erst danach sollte sich der Journalist den Fragen „Wie" und „Warum" widmen. Schuler schreibt: „Bevor man sich den interessanten Fragen zuwendet, gehören die langweiligen Fragen angegangen. Journalisten sind versucht, sofort „nach vorne" zu recherchieren. Die guten Rechercheure kümmern sich jedoch erst um die Grundlage, indem sie rückwärts, also „nach hinten" recherchieren. So kann man von einer gesicherten Basis aus immer tiefer nach vorne stoßen.

In unserem Beispiel bedeutet das Folgendes: Der Redakteur der Schülerzeitung muss recherchieren, wer (also welcher Lehrer) was gemacht hat (Wirklich geschlagen? Wen?). Der Redakteur muss herausfinden, wo und wann das passiert ist. Sollte man Antworten auf diese Fragen gefunden haben, kann man sich schließlich der Interpretationsebene nähern. Dann können Fragen gestellt werden, wie genau das Ganze passiert ist (heftiger Schlag aufs Ohr) undd warum (Lehrer hat völlig überreagiert; unkontrollierter Wutausbruch).

> Wie die Recherche nun am konkreten Beispiel funktioniert.

Ablauf einer Recherche

Die erste Regel der Recherche: Nicht gleich loslaufen, sondern zuerst nachdenken und sich genau überlegen, was eigentlich das Ziel der Recherche ist. Für jeden Journalisten ist es sehr ärgerlich, nach langer Recherche festzustellen: Man weiß nun zwar viel mehr, aber der Redakteur hat eigentlich am Thema vorbeirecherchiert (In unserem Beispiel: Man weiß nun, dass der betroffene Lehrer seine Frau betrügt, aber über den Schlag gegen die Schülerin weiß der Rechercheur nichts Genaues.)

Das Rechercheziel sollt man sich stets vor Augen

Recherche

halten und dazu auch einen Rechercheplan aufstellen. Einen genauen Verlauf der Recherche kann allerdings niemals vorhergesehen werden. Also sollte man sich überlegen:

1. Welche Informationen,

2. in welchen Quellen und

3. in welcher Reihenfolge gesucht werden soll.

Zu 1.:

Bei der Informationssuche kann ein anfängliches Brainstorming Sinn machen. Dabei wird einfach alles, was einem zum Thema einfällt, aufgeschrieben und anschließend sortiert, strukturiert und zusammengefasst. Schließlich werden die (offensichtlich) uninteressanten Dinge gestrichen und die wichtigen in eine „Rangfolge" gebracht.

> Empfehlenswert zu Beginn der Recherche ist das Brainstorming zum Thema.

Zu 2.:

Die zweite von Thomas Schulers oben zitierten Grundvoraussetzungen kommt hier zum Tragen: „Texte, die sich nur auf eine einzige Quelle stützen, sind tabu." In unserem Beispiel darf es etwa nicht passieren, dass man nur mit der angeblich geschlagenen Schülerin spricht. Es könnte ja sein, dass sie sich für eine schlechte Klausurnote rächen will und deshalb das Gerücht streut, der Lehrer habe sie geschlagen. Der Redakteur darf dieses Gerücht nicht einfach ungeprüft weiterverbreiten, denn dann macht man sich strafbar. Man muss auch den Beschuldigten befragen und seine Stellungnahme in den Bericht aufnehmen. Ist der Beschuldigte nicht zu einer Stellungnahme bereit, sollte der Redakteur diese Ablehnung im Bericht erwähnen. Das Gerücht muss dann als solches kenntlich gemacht werden und es sollten sorgfältig weitere Quellen in Betracht gezogen werden, um das Gerücht zu überprüfen (z.B. Mitschüler befragen). Sollte nämlich der Redakteur in einem möglichen Gerichtsprozess, den der

> Immer mind. zwei Quellen herbeiziehen, um möglichst unabhängig berichten zu können.

Das Rechercheprotokoll

Lehrer anstrebt, mitangeklagt werden, muss dieser nachweisen können, dass er sorgfältig recherchiert und nicht einfach Gerüchte mitverbreitet hat. Ein Besuch am Ort des Geschehens gehört - wenn möglich - auch auf einen Rechercheplan. In unserem Beispiel macht es Sinn, das Klassenzimmer zu besichtigen, um den „Tathergang" rekonstruieren zu können. Mögliche Quellen bei der Recherche können auch Bibliotheken, Archive, Dokumente oder das Internet (dazu später mehr) sein. Die wichtigste Quelle sind aber in der Regel immer noch Personen.

Zu 3.:
Man notiert schließlich alle Personen, die für das Thema eine Rolle spielen. Dann entscheidet sich, wen man wann zu welchem Thema befragt. Oft ist es ratsam, zuletzt diejenigen zu fragen, die beschuldigt werden und/oder Entscheidungen zu verantworten haben. Denn nur dann können sie mit allen gesammelten Vorwürfen und recherchierten Folgen konfrontiert werden. Die Recherche wäre sonst nicht vollständig.

Das Rechercheprotokoll

Einer der wichtigsten Recherchetipps lautet: Führe ein Rechercheprotokoll!

Dieses erfüllt drei wichtige Funktionen:

1. Es strukturiert die Recherche.
2. Es dokumentiert Recherchewege und -ergebnisse.
3. Es bereitet Rechercheergebnisse so auf, dass man sie in journalistischen Produkten verwerten kann.

Zu 1.:
Auf einem Blatt notiert man alles zum Sachverhalt: Vor allem die Antworten auf die W-Fragen. So bleibt das

Recherche

Wissen zum Thema immer im Blick und der Redakteur sieht, was er noch recherchieren muss. Es ist so zu jedem Zeitpunkt möglich, die Zwischenergebnisse in ihrer Gesamtheit zu betrachten und neue Ideen zu gewinnen. Insofern stößt ein Protokoll auch kreative Denkprozesse an.

Zu 2.:
Zu jeder Information gehört der Vermerk, woher sie stammt - die Antwort auf die W-Frage „Woher?" also.

Man sollte sich unbedingt die Quelle notieren.

Denn nur, wenn sorgfältig dokumentiert wird, welche Informationen auf welchen Wegen erhoben wurden, können Journalisten und (im schlimmsten Fall) Juristen die Recherche nachvollziehen und überprüfen. Das Protokoll sichert aber auch das Wissen für den Rechercheur selbst. Wenn er das Thema erneut aufgreift, kann er sich entlang des Protokolls wieder in das Thema einarbeiten – inhaltlich und organisatorisch.

Zu 3.:
Das Protokoll fasst die Recherche in ihrer gesamten Breite zusammen, und zwar alle Informationen, die im Zusammenhang mit der Informationsbeschaffung von Bedeutung sind. Für den journalistischen Beitrag wählt man sich dann die wichtigsten Gesprächspartner und die überzeugendsten Belege aus.

Informationsquellen

Das Archiv

* Jede Redaktion sollte ein Archiv besitzen. Auch für eine Schülerzeitung bietet es sich an, zumindest alle Ausgaben abzuheften. Ein elektronisches Archiv anzulegen, bei dem man mit Hilfe von Suchbegriffen nachsehen kann, ob zu einem Thema schon mal Artikel erschienen sind, ist ratsam.

- Auch das Archiv der örtlichen Tageszeitung(en) bietet sich als Recherche-Ort an. Wer freundlich fragt, bekommt in der Regel auch Zugang zu Ordnern und Datenbanken.

Das Handelsregister

Wer aufwändige Recherchen zu wirtschaftlichen Verflechtungen in einer Stadt macht, kann im Handelsregister (in der Regel beim Amtsgericht) einsehen, welche Unternehmen und Gesellschaften welchem Besitzer gehören.

Die Internet-Recherche

- Eine gute Recherche darf bei Google beginnen, aufhören darf sie dort nicht. Zumal auch diese Suchmaschine nur einen kleinen Teil des Internet erfasst.

- Zu empfehlen ist außerdem die gut strukturierte Website www.recherchefibel.de

- Verzeichnis von Suchmaschinen: Etwa 2700 Einträge von Suchmaschinen, außerdem eine gut verständliche Erklärung zu deren Nutzung bietet die Seite www.suchfibel.de

- Linksammlung: Eine sehr gute systematische Linksammlung mit internationalen Bibliotheken, Nachschlagewerken, Biografien etc. bietet das Hochschulbibliothekszentrum des Landes NRW unter www.hbz-nrw.de/recherche

- Domaindaten: Wenn das Impressum einer Site fehlt, unvollständig oder zweifelhaft ist, kann man die Domaindaten für Deutschland in der Denic-Datenbank abfragen unter www.denic.de; für globale Domaindaten gibt es die Suche www.zoneedit.com/whois.html

Recherche

Die Informanten

- Es lohnt sich, einmal in Gedanken den eigenen Freundes- und Bekanntenkreis durchzugehen. Vielleicht findet sich jemand, der zu bestimmten Themen Informationen liefern oder Kontakte vermitteln kann.

- Informantenschutz: Es ist journalistische Pflicht, Informanten auf Wunsch im Bericht nicht namentlich zu erwähnen und vertrauliche Hintergrundinformationen nicht ohne Rücksprache zu veröffentlichen.

- Recherche-Interview: Zur guten Vorbereitung und Gesprächsführung eines Interviews siehe Kapitel Text- und Stilformen.

Weiterführende Literatur zur Recherche

- Haller, Michael: Handbuch „Recherchieren", Konstanz 2000. www.uvk.de, darin besonders zu empfehlen: Einführung in die Grundzüge des methodischen Recherchierens, (S. 51-84)

- Netzwerk Recherche (Hrsg.): Trainingshandbuch Recherche, Wiesbaden 2003.

- Leif, Thomas (Hrsg.): Mehr Leidenschaft Recherche, Wiesbaden 2003.

Hintergrundwissen Recherche

Die Jugendpresse Deutschland hat zum Thema Recherche ein ausführlicheres Hintergrundwissen als Online-Dokument erstellt. Dieses kannst du dir herunterladen unter:

http://www.schuelerzeitung.de/recherche

Text- und Stilformen

Es gibt verschiedene „Arten" Texte zu schreiben. Von der Nachricht über die Reportage bis hin zur Glosse. Welche Darstellungsform passt zu welchem Artikel?

Das Wichtigste im Journalismus ist und bleibt natürlich die Information, die an den Leser, Hörer oder Zuschauer übermittelt werden soll. Wie diese Inhalte aber vermittelt werden, ist fast genau so wichtig. Erst die richtige Darstellungsform macht einen Artikel zu einem guten Artikel. In diesem Handbuch werden die sieben wichtigsten journalistischen Stilformen vorgestellt: Nachricht, Reportage, Feature, Kommentar, Glosse, Kolumne und Interview. Das sind zwar nicht alle Formen, aber die wichtigsten. Alle übrigen Stilformen können aus diesen abgeleitet werden. Jeder, der in den Medien arbeitet, sollte wissen, wo die wesentlichsten Unterschiede zwischen ihnen sind und wann welche Stilform angewendet werden sollte.

Die Nachricht

Die Nachricht

Nachrichten kann man ganz leicht erkennen: Sie sind kurz! In der Zeitung oft nur zehn bis 20 Zeilen lang. Sie stecken dennoch voller Informationen. In Nachrichten wird sozusagen ein Feuerwerk an Informationen abgebrannt. Eigene Meinung des Journalisten ist in Nachrichten nicht nur verpönt, sondern sogar verboten. Im vorhergehenden Artikel ging es um die journalistischen „W-Fragen". In der Nachricht werden diese beantwortet. Eine Nachricht folgt meist dem Schema: „Jemand hat etwas zu einem bestimmten Zeitpunkt und an einem bestimmten Ort aus einem ganz bestimmten Grund gesagt". Oder kürzer: „Wer hat was, wann, wo und warum gesagt?" Nachrichten sind immer aktuell. Auf Englisch heißt die Nachricht nicht umsonst „News".

> Eine Nachricht ist kurz und oft nur bis zu 20 Zeilen lang.

Der Aufbau der Nachricht gleicht einer umgedrehten Pyramide. Das Wichtigste steht am Anfang, am besten im ersten Satz. Das Wichtige dann also im ersten Absatz und Zusatzinformationen erst am Schluss. Nachrichten müssen prägnant sein, schnörkellos und klar sagen worum es geht.

Text- und Stilformen

Der erste Satz einer Nachricht darf **NIE** im Imperfekt sein. Vielmehr wird da das Perfekt verwendet. Zum Beispiel:

„Die Schülervertretung des Bertolt-Brecht-Gymnasiums in München hat in ihrer letzten Sitzung, am vergangenen Montag, beschlossen den Gewinn der letzten Schulparty der Kinderkrebsstation des Schwabinger Krankenhauses zu spenden."

Wenn es das Thema erfordert, kann im ersten Satz der Nachricht auch der Präsens oder das Futur verwendet werden. Der Rest der Nachricht wird dann meist im Imperfekt geschrieben. Allerdings sind auch Plusquamperfekt, Perfekt, Präsens, Futur oder wieder Imperfekt möglich. Das obige Beispiel würde etwa so weitergehen:

„Der Abstimmung war eine lange Diskussion vorangegangen. Der Schülersprecher Max Leiter wollte mit dem Geld lieber neue Möbel für den Schülervertretungs-Raum kaufen. Schließlich schloss die Schülervertretung aber einen Kompromiss: „Die Kinder gehen natürlich vor! Die Möbel kaufen wir eben nach der nächsten Party", sagte Max nach der Sitzung. Insgesamt waren bei der Party durch den Verkauf von Waffeln und den Eintrittsgeldern 800 Euro zusammengekommen."

Die Nachricht sollte außerdem so aufgebaut sein, dass bei Bedarf das Ende weggekürzt werden kann, ohne dass wesentliche Informationen verloren gehen.

Obwohl Nachrichten eigentlich immer gleich aussehen und jede Nachricht der anderen ähnelt, fällt es vielen Journalisten schwer, sie zu schreiben. Auch deswegen gilt sie als die „Königsdisziplin" des Journalismus.

Der Bericht

Der Bericht ist im Grunde nur eine längere Nachricht. Auch hier sollten am Anfang die wichtigsten Informationen stehen. Auch der Bericht sollte aktuell sein. Wenigstens ein aktueller Aufhänger am Anfang ist unentbehrlich. Allerdings können in einem Bericht auch Hintergrundinformationen und die Vorgeschichte eines Sachverhaltes erklärt werden. Außerdem können bereits bekannte Informationen wiederholt werden. Beispielsweise, um diese wieder ins Gedächtnis der Leser zu rufen.

> Der Bericht ist eine „längere Nachricht" mit Hintergrundwissen und einem aktuellen Aufhänger.

Obwohl auch ein Bericht grundsätzlich klar, nüchtern und sachlich sein sollte, schadet etwas Lebendigkeit in der Schreibweise nicht. Mittlerweile gibt es sogar in der „Süddeutschen Zeitung" und manchmal auch in der „FAZ" so genannte angefeaturete Nachrichten und Berichte. Das bedeutet, dass der erste Satz des Berichtes etwas aus der Reihe fallen darf. Beispielsweise kann hier nun auch ein Zitat, die (kurze!) Nacherzählung einer witzigen Begebenheit oder ein Aufruf stehen.

Ein angefeatureter Einstieg für unser obiges Beispiel könnte etwa so lauten:

> *„Die SV hat die Spendierhosen an. Und das Beste: Das Geld kommt kranken Kindern zu Gute. Bei ihrer letzten Sitzung am vergangenen ..."*

Die Reportage

Die Reportage ist für einen Journalisten vielleicht die schönste Darstellungsform. Hier kann man sich austoben und zeigen, dass man nicht nur gut informieren kann, sondern auch ein ausgezeichneter Beobachter und Schreiber ist. Eine gute Reportage ist aber auch für den Leser eine Wohltat. Sie kann

Text- und Stilformen

unterhalten, eine gute Zeit bescheren und gleichzeitig auch informieren. Reportagen funktionieren aber nur, wenn das Thema auch reportagewürdig ist, und steht und fällt in der Regel mit den Zitaten und Handlungen der beschriebenen Personen, den so genannten Protagonisten. Obwohl gute Reportagen oft fast schon ein Stück Literatur sind, muss man auch hier aufpassen, dass die Fakten stimmen, und man keiner erfundenen Geschichte glaubt oder gar selbst Details dazuerfindet!

> Reportagen sind schon fast ein Stück Literatur. Zitate und eine Handlung dürfen hier nicht fehlen.

Eine Reportage spricht im Idealfall alle Sinne an: Was ist zu sehen, zu hören, zu riechen, zu fühlen? Die Reportage beschreibt nicht nur reine Fakten, sondern geht tiefer: Detailsaufzählungen folgen Fakten, Beschreibungen der Protagonisten folgen chronologische Erzählungen. Der Leser sollte sich im Idealfall so fühlen, als ob er direkt am Ort des Geschehens wäre, also so, als ob er es wäre, der die beschriebenen Dinge selbst miterleben würde. Die Reportage ist also unvermittelt und deswegen auch meistens im Präsens geschrieben. Andere Zeitformen kann man bei Bedarf natürlich auch anwenden.

> Der Autor einer Reportage ist wie eine Videokamera.

Wie du dir sicher schon denken kannst, ist der Autor sehr wichtig für das Gelingen einer Reportage. Durch ihn werden die Leser sozusagen in die Geschichte „hineingebeamt". Manchmal kann eine Reportage auch in der „Ich-Form" geschrieben werden. Auch wenn das authentischer wirken kann, solltest du das in der Regel vermeiden. Schließlich soll der Leser ja nicht erfahren, was man sieht und fühlt, sondern was er selbst sehen würde. Manchmal ist das „Ich" aber auch absolut richtig und notwendig: Etwa bei Erlebniserzählungen, bei bestimmten Portraits von Personen (Beispielsweise, wenn du für deine Schülerzeitung deinen Lieblingssänger triffst und beschreibst, was du erlebt hast und wie dieser von der Persönlichkeit her auf dich reagiert hat) oder wenn der Autor des Textes selbst eine wichtige Rolle innerhalb der Reportage spielt.

Normalerweise verwendet man aber die dritte Person zum Schreiben der Reportage. Man sollte darauf achten, nicht zu oft das unpersönliche Wort „man" zu verwenden. Das ermüdet die Leser. Auch passive Konstruktionen sollten in einer Reportage tabu bleiben. Du musst so erzählen, als ob du gerade jetzt im Geschehen wärst und genau jetzt sagst, was du siehst, hörst, riechst und fühlst. Der Autor einer Reportage ist wie eine Videokamera. Genauer: Er hat die Kamera nicht dabei, sondern er selbst ist die Kamera. Diese bewegt sich am Ort des Geschehens, zoomt mal ganz nah heran, so dass jede Sommersprosse der Protagonisten beschrieben werden könnte, und dann zoomt sie wieder weg und beobachtet wieder das ganze Geschehen. Wichtig vor dem Schreiben einer Reportage ist natürlich auch hier die Recherche. Man muss wirklich am Ort des Beschriebenen gewesen sein, um darüber schreiben zu können. Wenn das nicht möglich ist (weil du vielleicht von einem historischen Ereignis berichtest), solltest du dich möglichst gut über das Thema informieren und dir vorstellen, wie es ausgesehen haben könnte. Scheu dich nicht, viel mehr Details und Informationen zu sammeln, als du am Ende verwenden kannst. Es gibt Journalisten, die hinterher nur zehn Prozent des Materials, das sie gesammelt haben, für die Reportage auch verwenden. Weitere Informationen erhältst du hierzu im Kapitel „Recherche".

Auch wenn es in der Reportage in erster Linie um Eindrücke geht, solltest du auch hier nicht vergessen, den Leser mit Fakten zu versorgen: Wann wurde das Schloss gebaut, in dem du gerade bist? Wie alt ist der Direktor, den du gerade beschreibst?

> Für eine Reportage gibt es sehr viel zu beachten.

Text- und Stilformen

Der Einstieg in einer Reportage ist meist szenisch, also beschreibend. Auch der Schluss sollte das sein. Manchmal bietet es sich an, das Bild vom Anfang wieder aufzugreifen und es weiterzudrehen.

> **Vorsicht:**
> Eine Reportage ist kein Kommentar. Zwar soll der Autor beschreiben, was er sieht, fühlt und auch denkt, aber trotzdem sollte er nicht dem Leser erklären, welche Meinung er zu dem Thema hat oder was der Leser fühlen sollte, wenn er selbst am Ort des Geschehens sein würde.

Das Feature

Der Begriff Feature kommt aus dem Englischen und bedeutet „Gesichtszug" oder „charakterliches Merkmal." Diese Stilform wurde in Amerika erfunden und ist dort mit Abstand die meist verbreitete Darstellungsform. In Deutschland ist das Feature in Zeitungen noch relativ jung. Vor allem die „ZEIT" und die „Frankfurter Allgemeine Sonntagszeitung" haben regelmäßig lange Features im Blatt. Im Radio gilt das Feature (wobei es dort wieder anders definiert wird) als die Königsdisziplin.

> Das Feature ist ähnlich wie die Reportage — aber es ist nachrichtenlastiger.

Grundsätzlich ist ein Feature so etwas Ähnliches wie eine Reportage. Meist aber länger und faktenreicher. Es ist aber gleichzeitig auch nachrichtenlastiger als die Reportage. Das heißt, dass es mittels szenischer Erzählungen und ganz vieler Fakten ein bestimmtes, eng gefasstes Thema möglichst umfangreich beschreibt. Mit dem Feature können Journalisten abstrakte Sachverhalte mittels anschaulichen Beispielen in konkrete Alltagserfahrungen quasi übersetzen. Der Journalistikprofessor Michael Haller hat dies so beschrieben:

> *„Das Feature hebt mit Hilfe weniger sinnlich dargestellter Situationen einige charakterliche Züge hervor."*

Der Kommentar

Wenn dir das zu kompliziert ist, dann kannst du dir vielleicht merken, dass ein Feature im Grunde ein Artikel voller Fakten ist, der aber durch viele Zitate und szenische Beschreibungen angereichert ist.

Der Kommentar

Beim Kommentar geht es um Meinungen. Und zwar um deinen Standpunkt! Hier kannst du nicht nur dein ganz persönliches Urteil zu einem ganz bestimmten Sachverhalt äußern, du musst es sogar tun. Und zwar so einfach und klar wie möglich. Jeder Kommentar braucht aber auch eine Nachricht. Ohne aktuellen Aufhänger kann es kein Kommentar geben. Die eigentliche Nachricht sollte aber nicht im Kommentar stehen. Zwar muss das Thema im Kommentar natürlich genannt werden, die ausführlichen Informationen sollten aber in einem ausführlichen Bericht oder einer kurzen Meldung daneben stehen. Dies ist das „erste Gebot" jedes Journalisten: „Vermische nicht Information und Meinung." Während also in einer Nachricht die eigene Meinung nichts zu suchen hat, ist sie im Kommentar nicht nur wichtig, sondern essentiell.

> Beim Kommentar geht es um deine Meinung, deinen Standpunkt.

> Nachricht und Meinung dürfen nicht vermischt werden.

Grundsätzlich ist der Kommentar eine recht freie Stilform – Regeln gibt es kaum. Zwar solltest du das Thema kurz einleiten und möglichst früh deine Meinung zu diesem Sachverhalt wirklich ausdrücklich erwähnen. Auch solltest du nicht vergessen, eine Schlussfolgerung aus deiner Meinung zu ziehen oder eine Forderung zu stellen. Aber ansonsten kannst du deine Argumente für deine These aufschreiben, wie du möchtest: Ob dialektisch, argumentativ, provozierend, im Präsens, Vergangenheit oder Futur – möglich ist alles. Wichtig ist nur, dass du dich klar und präzise ausdrückst und der Leser auf Anhieb verstehen kann, was du eigentlich sagen willst.

Text- und Stilformen

Längere Kommentare, die viel analysieren und manchmal auch beschreiben, heißen „Leitartikel" und werden in überregionalen Zeitungen von leitenden Redakteuren geschrieben. Eine Sonderform des Kommentars ist auch der „Korrespondentenbericht", in dem ein Korrespondent seine Einschätzung der Lage aus dem Land, in dem er sich gerade befindet, darlegt.

Eine Sonderform von Kommentaren sind zudem Rezensionen und Kritiken. Diese befinden sich meist im Kulturteil einer Zeitung. Darin bewertet der Autor ein Konzert, einen Kinofilm, ein Theaterstück etc. Wichtig ist, dass der Autor sich das Konzert, den Film, das Theaterstück auch selbst angesehen hat. Er sollte dabei nicht nur beschreiben, ob es ihm gefallen hat, sondern auch Inhalte szenisch wiedergeben.

Die Glosse

Eine Glosse ist wie ein Kommentar — nur dass sie satirisch, zynisch und lustig ist.

Die Glosse ist die vielleicht schwierigste Stilform. Eine gute Glosse muss genau die Attribute haben, die man sonst immer vermeiden sollte in einem journalistischen Text: Sie ist satirisch, bärbeißig, ironisch, lustig, zynisch, klar oder verständlich. Am besten aber alles gleichzeitig. Jede Glosse ist auch ein Kommentar. Ein Kommentar ist aber nicht immer eine Glosse. Das macht diese Textform so schwierig.

Viele Glossen wirken deswegen oft nur gewollt witzig und können beim Leser sogar peinlich wirken. Mit einer guten Glosse kannst du dir als Autor einen guten Namen, aber dich im schlimmsten Fall auch lächerlich machen. Eine gute Glosse braucht also viel Fingerspitzengefühl. Ironie wird nämlich gerade in der deutschen Sprache oft missverstanden. Manchmal hilft es, eine Glosse sehr überspitzt zu schreiben, oft wirkt diese „Holzhammer-Methode" aber auch angestrengt und eher unangenehm. Glossen schreiben kann nicht jeder, deswegen solltest du nicht den Mut aufgeben, wenn dir zunächst keine guten Glossen gelingen. Die „Süddeutsche Zeitung" hat etwa für seine tägliche Glosse „Streiflicht" sogar eigene Autoren, die sich hauptsächlich nur darum kümmern.

Die meisten Zeitungen haben vor allem im Lokalteil eine feste Glossenrubrik – die so genannte Lokalspitze.

Die Kolumne

Die Kolumne ist eine Art lebendiger Kommentar. Oft ähnelt sie auch einer Reportage. Der Autor einer Kolumne erzählt oft eine Geschichte. Meist in der Ich-Form. Auffallendes Kennzeichen der Kolumne: Sie wird immer vom gleichen Autor geschrieben und steht immer am gleichen Ort. Außerdem muss eine Kolumne regelmäßig erscheinen und im besten Fall immer dem jeweiligen Autor zuzuordnen sein. Oft gehören Kolumnisten nicht zum Redaktionsstamm, sondern sind „fremde Federn". Viele Zeitungen haben etwa Politiker, Schauspieler, Musiker oder andere Prominente in ihrem Kolumnistenstamm.

> Eine Kolumne erscheint regelmäßig an gleicher Stelle. Sie ist ähnlich einer Reportage, nur dass sie in Ich-Form geschrieben wird.

Ursprünglich waren Kolumnen immer politisch, also eine Art Leitartikel, der nicht immer mit der Redaktionsmeinung übereinstimmte. Mittlerweile können aber auch lokale und bunte Themen Aufhänger für

Text- und Stilformen

Kolumnen sein. Vor allem in jüngeren Medien werden Kolumnen gerne verwendet.

Das Interview

Das Interview ist für jeden Journalisten das wichtigste Arbeitsinstrument. Ständig führen sie vor allem zu Recherchezwecken Interviews – ob am Telefon oder persönlich. Um die Zitate zu bekommen, die eine Nachricht oder eine Reportage auflockern sollen, führen Journalisten Interviews. Um sich komplizierte Sachverhalte erklären zu lassen, werden Experten interviewt. Nur die wenigsten Interviews finden allerdings den Weg in die Medien. Zumindest nicht im Wortlaut.

Wer ein gutes Interview machen will, muss vor allem eines machen: Er muss gut vorbereitet sein und bereit sein, auf seinen Gesprächspartner einzugehen.

Arten des Interviews

Es gibt, wie schon erwähnt, verschiedene Arten von Interviews:

Das Recherche-Interview

Wird meist am Telefon geführt und nie abgedruckt. Es dient dem Journalisten dazu, ein Thema zu verstehen oder um Hintergrundinformationen zu erhalten.

Das Interview zur Sache

Hier interessiert den Journalisten nicht der Mensch hinter seinem Gesprächspartner, sondern der Experte zu einem ganz bestimmten Thema. Beim Interview zur Sache geht es darum, den Lesern meist komplizierte oder spannende Sachverhalte zu erklären und zu veranschaulichen. Der Gesprächspartner sollte deswegen gut ausgewählt werden. Es hilft nichts, wenn sich jemand zwar gut auskennt, sich aber nicht kurz fassen oder prägnant formulieren kann! Wenn du das Pech hast, an so einen Gesprächspartner zu geraten,

> Das Interview ist ein wichtiges Arbeitsinstrument für Journalisten. Es gibt aber verschiedene Arten des Interviews...

bedeutet das für dich im Nachhinein nur umso mehr Arbeit beim Redigieren und Kürzen.

Das Interview zur Person

Hier steht, wie es der Name schon sagt, die Person im Vordergrund. Der Interviewer sollte versuchen, ein möglichst klares Bild des Gesprächspartners zu zeichnen. Und zwar, indem er diesem mit seinen Fragen interessante Details aus seinem Leben und seinem Denken entlockt. Idealerweise handelt es sich bei der befragten Person um einen Menschen, für den sich die Leser sowieso interessieren und mehr wissen wollen. Wenn das nicht unbedingt der Fall ist, musst du versuchen, dem Leser diese Person schmackhaft zu machen. Etwa durch einen schönen Vortext und interessante, unerwartete Fragen. Besonders wichtig beim Interview zur Person ist, dass du dich für dein Gegenüber wirklich interessierst und nicht nur kühl deine Fragen abarbeitest. Der Leser merkt sofort, ob zwischen den beiden Gesprächspartnern ein gewisses Gefühl stand oder nicht. Du musst dich nicht unbedingt gut verstehen mit deinem Gegenüber, aber er darf dir nicht egal sein. Achte auch darauf, dass sich der Interviewte möglichst wohl fühlt bei deinem Interview. Wichtig ist dabei, dass der Ort für das Interview nicht zu laut und zu ungemütlich ist.

Die Umfrage

Eine Sonderform des Interviews ist die Umfrage. Eine bestimmte Anzahl von Personen wird hier zum gleichen Thema befragt. Von jeder Person wird aber nur ein kurzes Statement erwartet, also darfst du dir von einer Umfrage nicht zu viel erwarten. Durch eine Umfrage wird ein Leser nie erfahren, wie die befragte Person wirklich ist oder keine umfassende Analyse eines Themas erhalten. Allerdings ist die Umfrage kurzweilig und oft auch unterhaltend. Achte darauf, möglichst unterschiedliche Menschen in der Umfrage zu Wort kommen zu lassen.

45

Text- und Stilformen

Die Vorbereitung

Das A und O jedes Interviews ist die richtige und genaue Vorbereitung. Nur wer mehr weiß als sein Gegenüber erwartet kann diesen mit unerwarteten Fragen überraschen und ungewöhnliche und gute Antworten erhalten. Im Vorfeld hilft in der Regel nur lesen und sich informieren. Versuche so viel wie möglich über deinen Gesprächspartner oder das Thema herauszufinden, bevor du das Gespräch führst. Wenn du dir unsicher oder nervös bist, weil du einen bekannten Gesprächspartner hast, solltest du alles tun, um dich wohl zu fühlen beim Interview: Suche einen schönen Raum aus, nimm dir was zu trinken mit, bereite dich gut vor und versuche vor dem Interview ausgeschlafen zu sein. Das hilft garantiert! Sei darauf gefasst, dass du dein Gegenüber auch einmal ausbremsen, ihm zur Not ins Wort fallen darfst. Achte aber darauf, nicht zu arrogant oder selbstsicher zu wirken. Das könnte den Gesprächspartner wiederum einschüchtern oder verärgern.

Ein Interview ist nur dann gut, wenn es richtig vorbereitet wird.

Nimm bitte keinen ausführlichen Fragebogen mit ausformulierten Fragen mit zum Interview. Das lenkt dich während des Interviews nur ab! Ein gutes Interview ist ein Gespräch zwischen zwei Menschen. Wenn du nur deine Fragen abarbeitest, nervst du deinen Partner und im schlimmsten Fall auch deine Leser. Am besten ist, du überlegst dir vorher grobe Themengebiete, über die du dich mit deinem Gegenüber unterhalten möchtest. Diese schreibst du dir auf und arbeitest sie dann ab. Wenn du dich unsicher fühlst, kannst du dir natürlich auch wichtige Unterpunkte zu deinen Themenblöcken überlegen und aufschreiben.

Manche Gesprächspartner verlangen, dass man ihnen vor dem Interview die Fragen zuschickt. Darauf solltest du dich aber auf keinen Fall einlassen! Wenn der Befragte vorher schon alles weiß, wirst du kaum interessante Antworten erhalten. Was du aber machen kannst und in vielen Fällen sogar sinnvoll und nett ist, wäre dem Interviewten im Vorfeld die Themen zu schicken, über die du mit ihm reden möchtest.

Das Gespräch

Natürlich ist das Gespräch, also das eigentliche Interview, der wichtigste Teil dieser Stilform. Versuche, dass dein Gegenüber nicht nervös wird. Nicht alle Menschen sind Medienprofis und wissen, dass Interviews nichts Schlimmes sind. Um eine gute Atmosphäre zwischen dir und deinem Gesprächspartner zu schaffen, sind „Eisbrecherfragen" sinnvoll. Das können Fragen zum Wetter oder nach der Familie sein. Diese Fragen werden in der Regel im späteren Interview nicht verwendet. Sie dienen nur dazu, das Eis zu Beginn zu brechen. Vermeide im Interview geschlossene Fragen. Das sind Fragen, auf die dein Partner nur mit „Ja" oder „Nein" antworten kann. Wenn du aber eine Antwort verdeutlichen willst, kannst du sie natürlich verwenden. Auch vermeiden solltest du „Oder"- Fragen. Also zwei Fragen in einem Satz. Im besten Fall verwirrt das deinen Gesprächspartner nur, im schlimmsten aber bekommst du eine total schwammige Antwort. Ein gutes Stilmittel, um den Interviewten aus der Reserve zu locken, sind rhetorische Fragen.

> Man beginnt das Gespräch am besten mit „Eisbrecherfragen".

> Wenn du zu viele rhetorische Fragen stellst und den Gesprächspartner zu sehr provozierst, kannst du ihn verstimmen. Manchmal ist das aber auch genau das, was man will...

Natürlich musst du dein Interview auch irgendwie aufzeichnen, schließlich willst du es ja später einmal möglichst im Wortlaut aufschreiben. Grundsätzlich hast du zwei Möglichkeiten: Entweder du nimmst das Interview auf Kassette, Mini-Disc oder auf einem MP3-Player auf, oder du schreibst mit. Beides hat Nachteile: Wenn du das Gespräch aufnimmst, musst du es dir hinterher komplett anhören und am besten komplett abtippen, bevor du das Interview kürzt.

> Überlege dir wie du das Interview aufzeichnest und informiere deinen Interviewpartner darüber.

Text- und Stilformen

Wenn du die wichtigsten Sachen haarfein mitschreiben musst, kann dich das vom eigentlichen Gespräch und deinem Partner ablenken, so dass du oft nicht mehr in der Lage bist geschickt nachzufragen.

Manchmal hilft es, jemand anderes zu bitten, das Gespräch aufzuschreiben, während du es führst. Du solltest dir aber trotzdem stichpunktartig die wichtigsten Punkte und Antworten notieren. Doch nicht immer ist das möglich, und gerade bei längeren Gesprächen ist die Aufnahme oft unumgänglich. Selbst dann solltest du einen Block dabei haben, und dir das Wichtigste notieren, um dir die spätere Arbeit zu erleichtern.

Bei kürzeren Interviews, wo der Wortlaut nicht so wichtig ist, kann es sinnvoll sein, wenn du dir während des Gesprächs nur wenige Stichworte aufschreibst, und dich nach dem Gespräch noch einmal eine Viertelstunde hinsetzt und dir die wichtigsten Antworten aufschreibst.

Das geschriebene Interview

Zwei Minuten Gespräch sind etwa eine bedruckte DIN A4 Seite. Deswegen musst du eigentlich jedes geführte Interview kürzen. Überlege dir nach dem Gespräch genau, welche Punkte du im Interview aufschreiben möchtest, und wie du deine Fragen formulieren willst. In der Regel sollten deine Fragen kürzer sein als die Antworten. Du kannst auch mehrere Antworten des Befragten in einer Antwort zusammenfügen, aber nichts komplett aus dem Zusammenhang reißen oder dem Gesprächspartner anders interpretieren, als er es gemeint hat. Natürlich kannst du aber im Print die Reihenfolge der Fragen umstellen und das Interview anders „komponieren" als wie du es geführt hast.

Das Interview ist ein Gespräch, und so sollte es sich

auch lesen. Für den Leser ist es langweilig, wenn du im Interview nur Fragen stellst. Ein gutes Verhältnis von Fragen und Stellungnahmen sind wünschenswert. Versuche einfach beim Schreiben deiner Beiträge nicht nur mit Fragezeichen zu enden, sondern auch mal ein paar Standpunkte einzubauen.

Autorisierung von Interviews

Manchmal verlangen Gesprächspartner, dass du ihnen das Interview vor der Veröffentlichung noch einmal zur Freigabe schickst. Gerade bei Politikergesprächen ist das Gang und Gäbe. Das ist auch ihr gutes Recht. Wenn du das vorher so besprochen hast, solltest du dich auch daran halten. Zwar kannst du rechtlich nicht dazu gezwungen werden, aber es ist ein Akt der Fairness, diesem Wunsch nachzugehen. Die Autorisierung kann auch für dich sogar Vorteile haben: Der berühmte Satz *„Das habe ich so nicht gesagt"* wird hinfällig, wenn dein Gesprächspartner das Interview freigegeben hat. Manchmal versuchen die Gesprächspartner aber auch ganze Passagen komplett zu ändern oder zu streichen. Dann heißt es verhandeln! Manches Mal geht es dann her wie auf einem Basar, frei nach dem Motto: „Ich streiche diese Aussage, dafür erlaubst du mir diese Frage." Wenn dir so etwas passiert, solltest du ruhig bleiben und deinem Gegenüber erklären, wieso dir gerade dieser Absatz für das Interview wichtig ist. Gerade, wenn das Interview während des Gespräches gut gelaufen ist, hast du gute Chancen, deinen Gesprächspartner umzustimmen. Im äußersten Notfall kannst du natürlich auch damit drohen, das Interview gar nicht abzudrucken. Dieses Druckmittel hilft aber nur, wenn die Situation wirklich zerfahren ist.

Nach Veröffentlichung des Interviews gehört es zum guten Stil, deinem Gesprächspartner eine Ausgabe des Mediums mit dem Interview zu zuschicken.

> Bekommen die Gesprächspartner das Interview vor dem Abdruck noch einmal zugeschickt?

Foto: Lena/www.jugendfotos.de

Layout

Was ist eigentlich Layout?

Nur Texte allein machen noch keine Zeitung. Diese müssen angeordnet werden und lesbar sein.

Die Zeitung ist keine Sammlung einzelner Artikel – sie ist ein Gesamtwerk, und soll auch so aussehen. Es gibt einige Gestaltungsmittel, die für ein einheitliches Aussehen sorgen, an dem die Zeitung erkannt wird. Durch den Computer, mit dem heute eigentlich alle Zeitungen – vermutlich auch eure Schülerzeitung – erstellt werden, ist dies relativ einfach. Aber Computer sind nur Mittel zum Zweck, nicht Allheil- oder gar Wundermittel.

Die Gedanken, wie man eine Zeitung gestaltet, müsst ihr euch selbst machen. Mit dem Computer könnt ihr diese Ideen umsetzen. Schülerzeitungen unterscheiden sich von Tageszeitungen und Publikumszeitschriften am

Was braucht man zum Layouten?

Kiosk. Es berichten Jugendliche für und über Jugendliche. Die Regeln für das Layout und die Verwendung von Bildern sind aber weitgehend identisch mit denen anderer Zeitungen oder Zeitschriften.

Ein gutes Layout soll dazu anregen, den Text zu lesen. Darum sollte das Layout das Thema des Artikels unterstützen und auf ihn aufmerksam machen. Natürlich muss das Layout auch den Geschmack der Zielgruppe treffen. Die Leser werden nicht begeistert reagieren, wenn ein Gemeindebrief aussieht wie eine Popzeitschrift und umgekehrt.

> Ein gutes Layout soll dazu anregen, den Text zu lesen.

Das Layout ist nicht nur ein angenehmer Nebeneffekt. Es entscheidet heute oft über den Kauf. Viele Kunden – und dies sind auch die Leser von Schüler- und Studentenzeitungen – sehen erst auf die Bilder und die professionelle Aufmachung einer Zeitung und erst dann auf den Inhalt.

Was braucht man zum Layouten?

An erster Stelle: Kreativität. Denn ohne diese kommt das Zusammenstellen von Texten, Bildern und Grafiken zu einem Einheitswerk nicht aus. Ähnlich einem Handwerker braucht auch der Layouter Werkzeuge, um seine kreativen Ideen umzusetzen. Ohne Computerkenntnisse und Wissen, wie das Layoutprogramm funktioniert, kann er die schönsten Ideen nicht umsetzen.

Sinnvolle Arbeitsteilung

Layouten ist Teamarbeit. Wie bei einem Staffellauf bekommt der Layouter die Texte und Bilder der Redakteure übergeben. Da ist der zeitaufwändigste Teil des Zeitungsmarathons schon einmal getan. Das Layouten ist die Zielgerade. Diesen journalistischen Endspurt sollte der Layouter am besten mit einem Teamkollegen zusammen bewältigen. Einer beginnt die Einzelteile

Layout

am Computer zusammenzufügen, während ein Teamkollege zu lange Texte kürzt, die nächste Seite vorstrukturiert, fehlenden Texten hinterher telefoniert oder mit der Chefredaktion Ideen bespricht.

Die Redakteure können den Layoutern viel Arbeit abnehmen, wenn sie sich Gedanken über die Gestaltung machen und entsprechendes Layoutmaterial zur Verfügung stellen. Pflicht sollte mindestens eine Auswahl von zwei bis drei Fotos und Angabe einer Bildunterschrift zu jedem Artikel sein. Wenn der Autor noch ein paar Zwischenüberschriften mitliefert, hilft er dem Layouter, die Seite stellenweise aufzulockern. Auch der heiße Draht zum Chefredakteur für Kürzungen und Ergänzungen erleichtert das Layout.

Zu Beginn sollte eine Seitenübersicht erstellt werden. Die Texte müssen in der Endfassung vorliegen, sollten einheitlich formatiert und ausgedruckt werden. So könnt ihr den Umfang der Texte abschätzen. Vor dem Layout solltet ihr euch in der Redaktion abstimmen, welche Meldungen nicht unbedingt gebraucht werden, wenn der Platz nicht reicht. Auch für den entgegen gesetzten Fall, dass nicht genügend Material vorhanden ist, solltet ihr präpariert sein und Füllmaterial zur Hand haben. Die beliebten Cartoons ebenso wie gesammelte Artikel aus Pressediensten helfen da weiter. Vor dem Abdruck solltet ihr euch über das Urheberrecht informieren und von der zuständigen Stelle eine schriftliche Abdruckgenehmigung vorliegen haben.

Bevor das Layouten beginnt, sollte der Anzeigenleiter alle Anzeigenvorlagen liefern und dazu eine Übersicht aller Vereinbarungen und Platzierungswünsche mitbringen. Hat man alles zusammen, kann die Zeitung zusammengestellt werden.

> Redakteure können den Layoutern viel Arbeit abnehmen.

> Auch die Anzeigen müssen nun dem Layouter vorliegen.

Software

Textprogramme

Microsoft Word

OpenOffice

Als kostenloses Pendant zu dem Markführer Microsoft Office kann man OpenOffice uneingeschränkt empfehlen.

Bildbearbeitungsprogramme

Adobe Photoshop

Das Mekka der Grafiker. Mit diesem Programm lässt sich mit Bildern alles tun. Von der einfachen Farbkorrektur bis zum kompletten Verfremden. Ein mächtiges Werkzeug, jedoch recht komplex, weshalb es für die Anwender immer wieder etwas Neues zu entdecken gibt.

gimp

Wer kein kleines Vermögen hat, um sich Photoshop zu kaufen, sollte sich das freie Pendant ansehen. Zwar nicht ganz so vielseitig wie Photoshop, dafür aber kostenlos.

Macromedia Freehand

Während man sich bei Photoshop & Co. mit den pixelbasierenden Bildern beschäftigt, kann man dies bei Freehand mit Vektorgrafiken tun. Diese sind aus mathematischen Figuren zusammengesetzt und somit verlustfrei in der Größe zu ändern.

Adobe Illustrator

Wie bei fast jedem Grafikprogramm gibt es auch bei den Vektorgrafikprogrammen eine Version von Adobe. Eigentlich nur eine Gewissensfrage, welches man benutzt.

Layout

Layoutprogramme

Quark Xpress

„Quark", wie es liebevoll genannt wird, ist für jeden Layouter ein Begriff. Dieses Programm führte Anfang der 90er Jahre das Desktop Publishing (Layout mit dem Computer) ein. Trotz verschiedener Versuche den Thron zu brechen ist es immer noch die Nummer Eins – wenn man es sich leisten kann.

Adobe Indesign

Ein Versuch Quark Xpress Alleinherrschaft zu brechen kommt von Adobe. Während die ersten Versionen sehr unausgereift waren, galt es lange Zeit als absoluter Geheimtipp und ist drauf und dran, Quark Xpress vom Thron zu schubsen.

Viva Designer

Als relativ neues Programm bietet es neben einem ähnliche Funktionsumfang von Quark Xpress oder Adobe Indesign die Möglichkeit, sowohl auf Windows, Mac OS X und Linux zu laufen.

Seitenübersicht

In der Seitenübersicht verteilt ihr die Artikel und Anzeigen. So bekommt ihr den Überblick, wie viel Seiten eure Zeitung genau hat und seht, wie viel Platz für Fotos, Grafiken, Comics und natürlich den Texten zur Verfügung steht. Denkt daran, Titel, Impressum und Inhaltsverzeichnis mit einzuplanen - und dass die Gesamtzahl der Seiten durch vier teilbar sein muss. Berücksichtigt dabei nach Möglichkeit die Platzierungswünsche eurer Anzeigenkunden und achtet darauf, dass große Artikel immer links anfangen. Der Leser nimmt sie dann einfacher wahr.

Wechselt in dem Layout kurze und lange Texte ab. Der Leser wird von mehreren aufeinander folgenden langen Texten abgeschreckt und viele kurze Texte hintereinander sind oft zu viele verschiedene Informationen, auf die sich der Leser nicht einstellen kann. Überlegt bei langen Texten, ob es sich anbietet, die Texte zu zerteilen, sie in Portionen, wie Infokästchen, zu zerlegen.

Die wichtigste Regel ist, dass nebeneinander liegende Seiten, die ja gemeinsam betrachtet werden, auch als Doppelseiten gestaltet werden.

Nebeneinander liegende Seiten können als Doppelseite gestaltet werden.

Eine alte Regel in der Seitengestaltung lautet: Man soll die Leserichtung, die in unserem Kulturkreis von links oben nach rechts unten geht, unterbrechen. So verhindert ihr ein Überfliegen des Textes und animiert den Leser zum genauen Betrachten – oder gar Lesen – der Seite. Dies wird erreicht, indem man eine Gegendiagonale mit zwei Bildern links unten und rechts oben aufbaut.

Die Gegenregel lautet: Ist die Leserichtung so sehr unterbrochen, dass der Leser sich nicht mehr zurechtfindet, blättert er erst recht weiter. Aus diesem Grund sollten Artikel nicht total durch Grafiken oder Bilder zerschnitten werden. So wird der Text kaputt gemacht und über mehrere Seiten gestreckt. Ohne zwingenden Grund sollten die Artikel nicht über eine Doppelseite hinausgehen.

Die layouttechnisch eher ungeliebten Anzeigen können durchaus ein bereicherndes Element sein. Für ganzseitige Anzeigen wird von den Kunden meist eine Platzierung auf der mehr beachteten rechten Seite vereinbart.

Schrift

Typografie bedeutet das Schreiben mit Lettern. Wer mit der Schrift umgeht, braucht ein „Schriftbewusstsein", da die Schrift der primäre Träger von Informationen

Layout

ist. Die Auswahl und Nutzung der Schrift beeinflusst die Lesefreundlichkeit von Texten entscheidend. Journalistische Höchstleistungen können durch unleserliche Schriften unkenntlich werden und finden nicht die Beachtung, die sie verdienen. Im Gegenzug kann man durch geschickte Schriftwahl den Inhalt um ein Vielfaches anschaulicher darstellen.

Schriftarten

Das Hauptkriterium ist sicher die Schriftart selbst. Schon allein durch sie kann man etwas ausdrücken, ohne dass der Leser den Text lesen muss. Von den tausenden Schriften, die es gibt, befinden sich schon recht viele standardmäßig auf jedem Computer. Diese kann man in einige Grundformen einteilen. Für den Haupttext eignen sich die lesefreundlichen „Antiqua-Schriften", deren „Balken" in der Dicke variieren und an den Enden kleine Füßchen, die so genannten Serifen, haben. Berühmtestes Beispiel ist sicher „Times New Roman", welche sich auf jedem Windows-PC befindet.

Schriftarten mit kleinen „Füßchen", wie bei der Schrift „Times New Roman" heißen Serifen.

Schlichter sind die serifenlosen oder Grotesk-Schriften. Sie sind leichter lesbar, bieten jedoch eine schlechtere Blickführung bei längeren Texten, so dass sie sich am besten für ausdrucksstarke Überschriften eignen. Daneben gibt es noch eine Vielzahl von Schmuckschriften, bei welchen jedoch meistens die Lesbarkeit stark wegen des Designs leidet.

Mit der angebotenen Vielfalt ist jedoch maßvoll umzugehen. Zusammenpassende Schriftarten sind manchmal schwierig zu finden, so dass weniger Vielfalt und geringer Wechsel oft die Lesbarkeit spürbar verbessern.

Schrift hat durch seine verschiedenen Formen auch eine Ordnungsfunktion. Durch sie orientiert sich der

Leser besser im Textdschungel. Verschiedene Schriftarten unterscheiden zum Beispiel Unterüberschrift und Überschrift, ein fetter Großbuchstabe kennzeichnet den Artikelanfang. Innerhalb eines Artikels sollte allerdings immer die gleiche Schrift verwendet werden.

Schriftgröße und Zeilenabstand

Fast genauso wichtig wie die Schriftart ist die Schriftgröße. Ist sie zu klein, kann man die schönste Schriftart nicht erkennen. Ist sie zu groß, kann selbst eine schmale und dünne Schrift wuchtig wirken. Schrift für längeres Lesen sollte nicht kleiner sein als 9 pt und nicht größer als 14 pt sein. Die Standardgröße für normale Laufschrift ist ungefähr 10 pt.

Wie groß soll die Schriftart sein?

(Foto)Grafische Mittel

Fotos gehören zu jedem gedruckten Artikel einfach dazu. Jedes Foto hat seine eigene Aufgabe. Der Fotograf sollte sich daher vor dem Auslösen Gedanken machen, ob sein Foto bloß dokumentieren soll oder aufklären, illustrieren, schmücken, aufrütteln, schmunzeln lassen oder Eitelkeiten befriedigen soll. In der Regel werden Fotos zum Dokumentieren eingesetzt, sie bilden also ein Ereignis oder einen Umstand ab. Doch solche Bilder sind häufig langweilig. Ein Beispiel: Die Klasse 10a war auf Exkursion im Bundestag, wo sie spannende Workshops besuchte. Ein Gruppenfoto, womöglich noch vor dem Bus, könnte den Artikel zwar illustrieren, spannender wäre jedoch Schüler beim Diskutieren mit Politikern, Politiker und Lehrer beim gemeinsamen Mittagessen oder ein Schüler am Rednerpult. Ausschnitte sind meist vielsagender und interessanter als Bilder, die alles zeigen.

Das Foto dient nicht nur als schmückendes Beiwerk, sondern transportiert auch Informationen. Deshalb muss das Bild nicht zwangsweise eine im Text beschriebene Situation illustrieren, sondern kann

Ein Bild kann einen Artikel ergänzen - auch durch Bildunterschriften.

Layout

auch neue Informationen zum Artikel ergänzen – zum Beispiel durch Bildunterschriften.

Grafiken

Grafiken finden sich in allen Arten von Zeitungen und Zeitschriften. In Infokästen, bunt hinterlegt, in anderer Schriftart oder als Statistik sollen sie Zusammenhänge übersichtlich und leicht verständlich darstellen.

In einer immer komplizierter werdenden Welt sollen Informationsgrafiken und Statistiken Zusammenhänge übersichtlich und leicht verständlich darstellen.

Auch in einer Schülerzeitung kann man Artikel mit ihnen aufpeppen. Das Ergebnis der Wahl der Schülervertretung, die Veränderung des Schulhofes durch den Bau von Pavillons oder die neue Regelung der Mitbestimmung – es gibt vielfältige Anwendungsmöglichkeiten für Infografiken.

Zu viele und unübersichtliche Grafiken laufen allerdings Gefahr, Klarheit eher zu beseitigen als zu schaffen. Wie also werden Grafiken erstellt?

Am Anfang steht die Recherche: Wer etwas grafisch darstellen will, muss etwas zu sagen haben. Zuviel sollte es auch nicht sein, nur die wirklich aussagekräftigen Daten sollten für eine Darstellung ausgewählt werden.

Dann folgt die Aufbereitung der Daten: Unterschiedliche Themen werden unterschiedlich dargestellt. Eine einfache Tabelle kann genügend oder eine komplizierte Darstellung notwendig sein.

Grafiken lassen sich heutzutage ziemlich leicht mit dem Computer erstellen. Dort gibt es hunderte verschiedener Darstellungsformen, vom Balkendiagramm bis zur dreidimensionalen zerlegten Tortengrafik. Wer es schöner haben will, muss dann noch selbst Hand anlegen.

Ein reicher Fundus von Grafiken mit vielen Ideenanregungen findet sich in Tages- und Wochenzeitungen. In schlichten Balken- oder Kuchendiagrammen werden die ersten Hochrechnungen von Wahlen veranschaulicht. Etwas themenbezogener symbolisiert die Schornsteinlänge die Größe der Luftverschmutzung in verschiedenen Regionen. Am aufwendigsten sind ganze Grafikseiten, die zum Beispiel den geplanten Anbau der Schule zeigen.

Es gibt unzählige Arten von Diagrammen, wichtigstes Auswahlkriterium ist die Abstimmung auf das jeweilige Thema.

Gut eignet sich dazu die so genannte Isotype-Darstellung: Zahlen werden durch eine unterschiedliche Anzahl kleiner Bildchen (zum Beispiel Kleinkinder, Reissäcke oder Mülleimer) dargestellt. Verhältnisse zwischen Zahlen können so leichter erfasst werden.

Druckdaten

Wenn ihr das Heft fertig gestaltet habt, müsst ihr natürlich die Daten zur Druckerei bringen. Vorher solltet ihr genau klären, welche Dateiformate dort akzeptiert werden und was bei der Anlieferung der Daten beachtet werden muss und natürlich, wie die Daten angeliefert werden.

> Datenaustausch mit der Druckerei entweder per E-Mail, CD-ROM oder FTP-Upload.

Ein häufig verwendetes Format ist das von Adobe entwickelte PDF. Dabei werden die Texte und Bilder so fixiert, dass euer Heft auf jedem Ausgabegerät so aussieht, wie ihr es gelayoutet habt. Erzeugen könnt ihr dieses Format mit dem Adobe Distiller oder direkt im Layoutprogramm.

Foto: Sebastian Olenyi/www.jugendfotos.de

Druck

Der Druck einer Schülerzeitung ist der größte Kostenfaktor. Deshalb ist genau zu überlegen, in welcher Art und Auflage die Schülerzeitung gedruckt werden sollte.

Der Druck ist mit Abstand der größte Kostenfaktor in der Herstellung einer Schülerzeitung. Je nach Geldbeutel und Geschmack ist fast alles möglich – vom DIN A5-Heftchen, welches auf dem Schulkopierer produziert wird, bis hin zum vierfarbigen Hochglanzmagazin im DIN A4-Format oder einem Blatt im Zeitungsformat. Doch was für euch die beste Variante ist, hängt von vielen Kriterien ab.

Format

Bevor ihr mit dem Layouten der Zeitung anfangt, solltet ihr euch für ein Format entscheiden. Die meist verbreiteten Formate sind DIN A5 und DIN A4. Auch ein Zeitungsformat oder gar ein individuelles Format liegen im Bereich des Möglichen, sind aber in der Herstellung aufwendiger und daher teurer.

Farbe

Der Vorteil von kleinen Formaten ist die größere Unauf-
fälligkeit beim heimlichen Lesen unter der Schulbank,
während größere Formate durch bessere Lesbarkeit
der Schrift bestechen. Beim Zeitungsformat hat man
am meisten Platz und daher auch die größten gestal-
terischen Möglichkeiten.

Papier

Entscheidend bei der Papierqualität ist vor allem
die Papierstärke. Die üblichen Sorten bewegen sich
zwischen 70 und 90 g/m². Bei den Papiersorten
kann man zwischen Zeitungspapier, Naturpapier und
gestrichenen Papieren unterscheiden, wobei das
erstgenannte am Günstigsten ist. Das glatt gestrichene
Papier glänzt und wird vorwiegend von vierfarbigen
Magazinen genutzt.

Wie dick soll das Papier
sein?

Farbe

Der Druck mit Schwarz ist die gängigste und günstigste
Variante. Natürlich könnt ihr auch mit weiteren Farben,
so genannten Schmuckfarben arbeiten oder gar bunte,
vierfarbige (Cyan, Magenta, Yellow, Schwarz) Seiten
drucken lassen.

Farben verteuern den
Druck.

Doch aufgepasst: Schon eine weitere zusätzliche
Farbe hat einen erheblichen Preissprung zur Folge.
Die Kosten für einen kompletten Druck in Farbe sind
praktisch unbezahlbar. Es bietet sich an, eventuell nur
ein paar Seiten der Ausgabe zweifarbig, in schwarz
und einer Farbe eurer Wahl, zu drucken.

Da farbige Schrift nicht die gleiche Wirkung wie in
Schwarz erzielt, sollte sie zwei Schriftgrade größer
sein, um nicht an Wirkung zu verlieren.

Druck

Bindearten

Natürlich könnt ihr die kopierten Blätter lose ineinander legen. Doch so locker wie sie zusammengelegt sind, verteilen sie sich auch im Raum. Es ist also besser, das Papier in der Heftmitte zu binden bzw. es binden zu lassen.

Bei der Rückendrahtheftung werden die Bögen in der Mitte gefaltet und getackert. Diese Rückenheftung wird auch von professionellen Magazinen genutzt und ist angenehmer für den Leser.

Bei der Klebeheftung werden die gefalteten Bögen aneinander geklebt. Diese Variante ist nicht ganz so zuverlässig wie die Rückendrahtheftung und ist daher auch seltener verbreitet.

Herstellungsorte

Die eigene Schule, der Copy-Shop um die Ecke oder die professionelle Druckerei sind die üblichen Herstellungsorte für eine Schülerzeitung.

Schule

Die Herstellung auf dem Schulkopierer ist mit Abstand die günstigste Variante, doch das hat auch Folgen für die Qualität. Die Druckqualität hängt hier stark von den Eigenschaften des Kopierers ab und ist in der Regel schlechter als im Copy-Shop.

Außerdem hängt der Erfolg vom Wohlwollen der Schulleitung ab. Erlaubt sie dir die Nutzung, solltest du mit ihr und dem Hausmeister einen Termin vereinbaren, zu dem du in aller Ruhe kopieren kannst und nicht von Lehrern gestört wirst – vermutlich also an einem Nachmittag. Auch solltest du klären, wer die Produktionskosten zu welchem Anteil übernimmt (Druckerschwärze, Papier, evtl. Gerätnutzungsgebühr).

Die richtige Druckerei

Damit sich die Produktion in der Schule aber lohnt, sollte deine Schule im Besitz eines Schnellkopierers (Risographen) sein, sonst müssen du und dein Team viel Zeit dafür investieren.

Copy-Shop

Je höher die Auflage ist, desto mehr lohnt sich der Gang zu einem Profi. Mit einem Risographen geht dies besonders schnell, häufig sogar mit mehreren Farben. Die Qualität ist zwar nicht so gut wie in einer Druckerei, was sich bei den Bildern bemerkbar macht, dafür ist aber diese Herstellungsweise preiswerter. Häufig könnt/müsst ihr in Copy-Shops selbst an die Geräte. Bei hohen Auflagen gibt es in der Regel Rabatte. Wenn sie im Gegenzug eine Anzeige in eurer Schülerzeitung schalten dürfen, lässt sich der Produktionspreis senken. In vielen Copy-Shops könnt ihr euch die Zeitungen auch heften lassen.

> Gegen eine Anzeige gewährt die Druckerei oder der Copy-Shop oft Rabatte.

Druckerei

Am professionellsten, aber auch am teuersten, ist die Herstellung in einer Druckerei. Dort liefert ihr die fertige Druckdatei ab und erhaltet etwa fünf bis zehn Tage später die fertigen Zeitungen. Die Druckerei übernimmt die gesamte Produktion, vom Herstellen der Druckplatten, über das Bedrucken der Bögen bis hin zum Heften. Die gängigsten Druckverfahren sind Offset und Digital.

Die richtige Druckerei

Zwei Blicke in das Branchenbuch und in das Internet genügen, um eine große Auswahl an Druckereien zu finden. Doch nicht jeder Anbieter druckt auch Schülerzeitungen.

Einige Druckereien wiederum haben sich mittlerweile auf Schülerzeitungen spezialisiert und geben für diese

Druck

Sonderkonditionen aus. Selbst wenn eine Druckerei nicht mit einem speziellen Angebot für Schülerzeitungen wirbt, solltet ihr trotzdem darauf hinweisen. Fragen kostet nichts und meistens gewährt euch die Druckerei einen Rabatt!

Sinnvoll ist es, ein Musterexemplar anzufordern, um die Druckqualität abschätzen zu können. Sollte es dann nach dem Druck zu Fehlern kommen, sind zum Beispiel Fotos viel zu dunkel dargestellt oder Seiten vertauscht worden, könnt ihr einen Preisnachlass verlangen.

Druckangebot

Zwischen den Angeboten der Druckereien liegen preislich und qualitativ oft große Unterschiede. Es lohnt sich also, möglichst viele Druckangebote einzuholen und auf Details zu achten, um das günstigste Angebot auszuwählen. Eure Anfrage sollte folgende Punkte beinhalten:

- Format
- Auflagenstärke
- Seitenanzahl
- Farben
- Bindeart
- Papierstärke und -art
- Abgabetermin
- Lieferzeit
- Welcher Service ist im Preis inbegriffen?
- Versandkosten?

> **Tipp**
> Manche Angebote werden mit, manche ohne Mehrwertsteuer ausgeschrieben! In der Regel liegt die Mehrwertsteuer bei Druckerzeugnissen bei 7 %, ggf. müsst ihr diese zu dem kalkulierten Preis hinzu rechnen. Verlangt am besten also gleich ein Angebot inkl. Mehrwertsteuer.

Habt ihr euch dann für eine Druckerei entschieden, könnt ihr den Druckauftrag erteilen, in dem ihr euch am besten auf „die Konditionen gemäß des Angebots vom XX.XX.XX" bezieht. Es empfiehlt sich, einen persönlichen Kontakt zu einem Mitarbeiter der Druckerei zu pflegen und mit ihm klare Vereinbarungen zu treffen. So habt ihr einen festen Ansprechpartner, der sich auch an vergangene Absprachen erinnern kann.

Druckdatei

Bevor ihr die fertige Datei an die Druckerei übergebt, solltet ihr darauf achten, dass ihr euch an die vorher getroffenen Absprachen gehalten habt. Im Voraus solltet ihr geklärt haben, welches Format (meistens PDF) gewünscht wird und auf welche Weise (E-Mail, CD-ROM oder FTP) die Datei an die Druckerei übermittelt werden soll. Manche Druckereien wünschen sich, dass ihr in der PDF selbst die Druckmarken setzt. Dies könnt ihr zum Beispiel im Programm Adobe Indesign beim Exportieren in eine PDF-Datei in den Einstellungen festlegen.

Auch wenn der Zeitdruck kurz vor dem Erscheinungsdatum häufig immer höher wird, ist es wichtig, das fertige Produkt noch einmal gründlich zu kontrollieren. Dies vermeidet nachträglichen Ärger und spart letztendlich kostbare Zeit.

Werbung

Die Schülerzeitung ist nun fertig gedruckt. Jetzt gilt es, die Schülerzeitung zu bewerben, damit auch alle Exemplare verkauft werden können.

„Klappern gehört zum Handwerk" lautet ein altes deutsches Sprichwort. Werbung, und alles was dazugehört, ist so alt wie die Menschheit. Doch in den letzten Jahrzehnten – spätestens seit der Einführung des werbefinanzierten Privatfernsehens – sehen wir uns einer wahren Flut von Werbung und werbeähnlichen Inhalten gegenüber.

Mit dem Konsumdruck nimmt ebenfalls die Werberesistenz („Werbeblindheit") zu. Heutzutage in die Wahrnehmung eines Vierzehnjährigen zu gelangen ist vielfach schwerer als noch vor fünf oder gar in den 1990er Jahren. Jedoch gibt es einige einfache und gleichzeitig sehr wirkungsvolle Methoden, wie man dieses Ziel mit einer Schülerzeitung oder einem anderen schulischen Medienprojekt erreichen kann.

Hierzu kann sich die Redaktion vor allem die Besonderheiten des Informationsraumes Schule zu Nutze
machen.

Etablierung einer Marke

Einer der wichtigsten Punkte in der Vermarktung ist –
neben dem eigentlichen Produkt – das Image. Hierbei
geht es weniger um die eigentliche Qualität, sondern
daran, wie stark sich der gute Name des Produktes bei
den Kunden verkauft.

Wirtschaftunternehmen aller Branchen geben bei
Marktforschungsinstituten regelmäßig enorme
Summen aus, um die Bekanntheit, die Verbreitung,
Sympathie und Verbundenheit mit einer Marke bei den
Kunden zu erfragen und nach den Ergebnissen dieser
Umfragen ihre Marketingstrategien zu gestalten. Was
McDonald's, Coca Cola und Hugo Boss können, kann
auch für eine Schülerzeitung nicht zu schwer sein.

Warum Marke?

Es ist natürlich schwer eine Schülerzeitung im Konsu-
mentenbewusstsein zu verankern, wie zum Beispiel
die Lieblingsmodemarke. Doch als Ziel kann man sich
eine solche „Kundenhaftung" ruhig setzen. Um eine
solche Marke zu etablieren ist es zunächst nötig, eine
so genannte Corporate Identity zu schaffen. Eine
uncoole Schülerzeitung erfüllt ihren Zweck einfach
nicht, weil ihre Reichweite zu beschränkt ist. Wer will
schon mit dem schlechten Käseblatt auf dem Schulhof
gesehen werden?

Das Logo

Das Logo ist das Kernstück einer jeden CI. Da der
Mensch ein visuell geprägtes Wesen ist, werden Informationen und auch Werbung hauptsächlich durch
die Augen aufgenommen. Ein Logo ist also auch für
jede Schülerzeitung unverzichtbar. An einer Form,

Werbung

einem Bild, einem ClipArt, einem Maskottchen oder Ähnlichem muss immer klar sein: Das hat was mit der SZ zu tun.

Dieses Logo sollte idealerweise mit dem Titel der Zeitung etwas zu tun haben. Sehr beliebt ist das Gestalten des Titelschriftzugs unter Einbeziehung eines Symbols oder eines Maskottchens. Beispiele in der Profipresse sind die Wochenzeitschriften „Focus" und „Stern" sowie die Tageszeitung „Die Welt", die alle ein Assoziationssymbol (Weltkugel und Stern) in den Schriftzug des Titelblattes einbetten.

Corporate Identity konkret

Immer wenn die Schülerzeitung in irgendeiner auch noch so kleinen Weise in Erscheinung tritt, sollte auch das Logo (oder wenn der Schriftzug zu lang sei, zumindest das Maskottchen) zu sehen sein. Siehe Infokasten.

Viele dieser Dokumente haben eine ähnliche Form, da sie alle den Zweck der Kommunikation erfüllen. So lohnt es sich ein paar Stunden zu investieren, um einmal einen Briefkopf zu erstellen, der dann leicht angepasst für alle Formen von Briefen und Rechnungen sowie für alle Infos und E-Mails gleichermaßen verwendet werden kann.

Logo! Aber wie?

Beim Erstellen des Logos ist es am einfachsten sich einen begabten Mitschüler zu suchen. Professionelle Erstellung von Logos durch Grafikdesigner lohnt sich erst ab einer Auflage von mehreren tausend Stück an mehreren Schulen. Besonders ist darauf zu achten, dass das gewählte Logo sich nicht mit anderen kommerziellen Emblemen zu sehr gleicht. Im Jahre 1998 brachte „Der Spiegel" einer Schülerzeitung vor Gericht, welche sich zu sehr an das Logo und Layout

Der gute Name und seine Entstehung

des Wochenmagazins anlehnte. Das Magazin gewann und erzwang Unterlassung. Umstände, die man sich sparen sollte, zumal es teuer werden kann, sofern ein Gericht den Plagiatsvorwurf anerkennt.

Der Vorteil in der Schule ist sicherlich, dass die Lehranstalten vielerorts noch weitestgehend werbefreie Zonen sind. Zwar haben durch Schulspeisungen, Schulbuchverlage, Kostenloszeitungen und zahlreiche mitgebrachte Druckerzeugnisse schon viele Logos ihren Weg in die Klassenräume gefunden. Schülerzeitungen haben aber vielerorts noch immer eine Monopolstellung, wenn es um Magazine und Lesestoff in der Schule geht. Das ist einerseits journalistisch nicht ganz unproblematisch, werbetechnisch aber von Vorteil.

Dadurch hat euer Logo eine größere Chance, als beispielsweise das einer Illustrierten am Kiosk, in das Bewusstsein eurer Leser zu gelangen. Nachdem die Zeitung das erste Mal unter den Schülern verteilt ist, braucht es einige Zeit (je nach Erscheinungszeitraum und Absatz), bis alle Mitschüler mal auf die Plakate, Titelblätter etc. geschaut haben. Nachdem sie es zuordnen können, weckt dieses Logo komischerweise bei Wiederauftritt positive Assoziationen. Deshalb ist es auch so wichtig, dass das Logo immer wieder auftaucht, um den positiven Wiedererkennungseffekt so oft wie möglich zu erzielen.

> Das Logo sollte immer wieder auftauchen - auf allen Erzeugnissen der Zeitung wie Plakate und Flyer. So gibt es später einen Wiedererkennungseffekt.

Der gute Name und seine Entstehung

Andere Teile der CI sind Layout und Farbgestaltung, so wie Bildauswahl, Titelbildgestaltung, aber auch Textlängen, Themenauswahl, Anzeigen und sogar das Auftreten der Verkäufer sowie die verbreitete Meinung gehören zur CI.

Werbung

Es liegt ganz im Geschmack der Redaktion, ob sich eher das reißerische Glamour-Magazin für die Schule oder eine von Schülern gemachte Bildungszeitung herausbildet. Alles dies muss nicht zu hundert Prozent genau aufeinander abgestimmt werden. Das ist mit den Mitteln einer Schülerzeitung auch gar nicht zu bewerkstelligen. Vielmehr sollte jeder Mitwirkende ab und an sich selbst fragen, welche Einstellung er als Unbeteiligter zu seinem Blatt hätte. So lassen sich viele der vorausgegangenen Fragen beantworten. Auch im Kapitel Layout findet sich hierzu viel Nützliches.

Konzepte helfen

Dennoch sollte auch eines klar sein: Die große Linie muss stehen. In einem kurzen oder mit der Zeit auch etwas umfangreicheren Gestaltungskonzept sind viele Fragen schneller beantwortet. An dieser Zielstellung kann sich die Redaktion dann auch bei folgenden Ausgaben einfacher orientieren. Ein solches Konzept sollte neben der angestrebten Themenauswahl und Zielgruppe auch Gestaltung und Vorgehensweise bei Schaffung und Verbreitung der CI enthalten.

> Am besten macht man sich ein Konzept, in dem man sich Gedanken zur Gestaltung und zum Auftritt der Schülerzeitung macht.

Warum Werbung in der Schule?

Schnell stößt sich die gute Idee, ein Forum und eine Stimme für die Schülerschaft zu kreieren, an den kleinen Zwängen des Alltags: Schüler wissen nicht, dass die neue Ausgabe erscheint, haben noch nie etwas von einer solchen Zeitung gehört oder haben kein Geld in der Tasche. Andere wiederum haben gerade heute wegen der Klausuren keine Lust oder müssen schnell irgendwo hin. All diese Umstände schmälern den Absatz des Blattes ganz erheblich. Mit dem Absatz fällt sowohl der Verkaufserlös, jedoch hat vor allem der Ruf der Publikation unter Absatzschwierigkeiten zu leiden. Kein Mensch kauft gerne einen Ladenhüter – oder eben das Käseblatt, welches niemand anderes haben möchte.

Nichts ist schlimmer als eine Zeitung, die nicht gelesen wird. Einige kleine Tricks, wie man den Absatz durch gute Strategie steigert, finden sich auch im Bereich Vertrieb. Die beste Voraussetzung ist eine funktionierende Werbung im Vorfeld der Veröffentlichung. Diese stellt zumindest sicher, dass ein großer Teil der Schülerschaft von der Veröffentlichung weiß.

Dadurch verkleinert man die Gruppe, welche kein Geld in der Tasche hat oder gänzlich die Veröffentlichung verschlafen würde. Durch das Neugierigmachen mit einigen Highlights des Heftes in der Werbung werden auch Unentschlossene zum Kauf bewegt.

Beispiele aus der Profipresse sind die Fernsehwerbung und die regelmäßigen Plakataktionen von „Bild" und „Bild am Sonntag", die durch einige Schlagworte oder gewagt provokante Plakate die Auflage auch in Kundenkreisen steigern, die sonst nicht zu ihrer Stammleserschaft gehören.

Das Plakat

Das Werbeplakat gehört spätestens seit der Erfindung der Litfaßsäule zu den führenden Werbemedien schlechthin. Seine Aufgabe ist es, eine klare und meist kurze wie prägnante Botschaft an den Rezipienten zu bringen. Aufgrund seiner Größe und Sichtbarkeit, sowie Platzierung an einem Ort mit möglichst großem Publikumsverkehr erreicht es die massenhafte Weitergabe einfacher Schlagwortinformationen. Es sollte neben dem Logo nur die wichtigsten Daten enthalten: Titelbild mit daraus ersichtlicher Titelgeschichte (kleiner gedruckt die beiden interessantesten Nebengeschichten) und Erscheinungsdatum. Eventuell kann auch die Verkaufstelle (näheres unter Vertrieb) angegeben werden.

Wegen der Übersichtlichkeit sollte das Plakat nur die wichtigsten Daten wie Titelbild mit Titelgeschichte, Erscheinungsdatum und Verkaufsstelle enthalten.

Werbung

Vorsicht Falle

Zu beachten ist auf jeden Fall, dass nicht überall plakatiert werden darf. Auf dem Schulgelände hat grundsätzlich die Schulleitung das Hausrecht und entscheidet, was im Gebäude und auf dem Gelände ausgehängt werden darf. Meistens hat sie bei Plakaten die Möglichkeit ein Aushängen zu untersagen, selbst wenn die Zensur der Schülerzeitung abgeschafft ist. Da die meisten Rektoren einer Schülerzeitung jedoch wohlwollend gegenüberstehen, ist es kein Problem im vorhinein Werbung zu machen. Im Zweifelsfall steht der jeweilige Landesverband der Jugendpresse Deutschland für Fragen jederzeit zur Verfügung.

Bitte ferner beachten: Teile der Schule können auch von Dritten gepachtet werden. Zum Beispiel die Schulspeisung vom Kantinendienst usw. Es ist immer nur mit Einverständnis des Verantwortlichen möglich, Plakate aufzuhängen. Im Gegensatz zum Rektor sind diese Privatfirmen nicht an das Landespressegesetz gebunden und haben auch sonst weniger Verpflichtungen. Es verhält sich hier so, als würde in einer privaten Wohnung plakatiert. Ohne Einverständnis des Hausherren geht hier nichts. Ferner finden die Pressegesetze des jeweiligen Bundeslandes Anwendung. Näheres hierzu im Kapitel Recht.

Geeignete Stellen für ein Plakat sind:
- Foyer
- Cafeteria
- Kantine
- Schaukasten
- Toiletten (effizienter als man denkt)
- Schulclub
- Sportumkleideräume
- Vertretungsplan
- Hofeingang / Raucherhof
- Computerkabinett
- Schulbibliothek
- Schließfächer / Spinde
- Lehrerzimmer (vor allem, wenn Lehrer die Zeitung unterstützen)
- Haltestelle des Schulbusses
- Aula (wenn regelmäßig in Benutzung)

Flyer und Handzettel

Flyer oder Flugblätter haben zwar, im Gegensatz zu den Plakaten, nicht die Möglichkeit eine solch große Rezipientengruppe zu erreichen und sind (auch wegen der Verteilung) aufwendiger – haben dafür aber andere Vorzüge.

Von Layout und Inhalt her sollten sie in etwa wie die Plakate gehalten sein und sich auf die Aufgabe konzentrieren, einige wichtige und plakative Informationen zu liefern. Die besten Formate sind DIN A5 oder DIN A6, wobei sich bei kleinerem Druck eine höhere Druckqualität oder gar Farbdruck anbietet und auch bezahlbar ist. Gängige Flyerdruckereien finden sich im Internet. Margen von etwa 1000 Stück lassen sich oftmals um oder unter 50 Euro drucken. Eine gründliche Internetrecherche und ein intensiver Preisvergleich lohnen hier auf jeden Fall.

Diese Internetanbieter bieten oftmals gegen Aufpreis auch Unterstützung im Layout oder beim Erstellen an. Hierbei ist allerdings der Copy-Shop um die Ecke oftmals günstiger. Gleiches gilt bei einfachen Flyern, die in Schwarz-Weiß gehalten in großer Stückzahl im Copy-Shop meist günstiger als im Internet zu haben sind.

Flugblätter für alle?

Die Verteilung dieser Flyer organisiert sich am besten durch einige Freiwillige, welche sich morgens (einen Tag vor Veröffentlichung) vor die Schule stellen und den Hereinströmenden je ein Flugblatt in die Hand drücken. Durch die Verteilung direkt vor der Schule vermeidet man auch Probleme mit der Schulleitung, soweit diese der Werbung im Allgemeinen oder der Schülerzeitung im Speziellen kritisch gegenüber steht.

Tipp:

Viele Menschen werfen Flyer sehr schnell wieder weg und vermindern somit die Zeitspanne, in der die Botschaft auf sie einwirken kann. Diesem Verhalten, als auch der Kaufunlust, kann man mit einem kleinen Trick entgegenwirken: Teilt ein Stück des Flugblattes als Coupon ab, gegen dessen Abgabe ein Rabatt auf die Zeitung gewährt wird. Selbst eine Ersparnis von zehn Cent wirkt hier Wunder und sorgt durch Aufheben in Brief- oder Federtasche für längeren Kontakt zum Leser.

Werbung

Nebenbei wirft man Flugblätter, die man persönlich erhält, nicht so schnell weg wie solche, die nur ausliegen. Eine andere Möglichkeit der Verteilung, die zwar flächendeckender ist, jedoch eine Kooperation mit der Schulleitung voraussetzt, ist das Austeilen durch Klassenlehrer und Tutoren in den Klassen und Kursen. Dies dauert allerdings meist mehrere Tage und ist der Glaubwürdigkeit, als Gegengewicht zur Informationspolitik der Schulleitung zu stehen, nicht immer förderlich.

Eine andere Möglichkeit ist die Gestaltung von drei oder vier verschiedenen Flyern, die gemeinsam eine Bildergeschichte ergeben. Nur wer als Gruppe alle drei vorweisen kann, erhält einen Rabatt. Dadurch erreicht man, dass sowohl die Beschäftigung mit dem Flyer und dem Inhalt intensiver ist, als auch ein gemeinsames Erlebnis erzielt wird, das in positivem Zusammenhang mit der Zeitung steht.

Außenwerbung

Genau wie im Inneren der Schule ist es wichtig, dass die Schülerzeitung auch nach außen einen guten Ruf und hohen Bekanntheitsgrad hat. Das wirkt erstens auch nach innen und vergrößert den Kundenkreis (Sagt der Vater: „Kauf mal Sohnemann, ich möchte auch wissen, was bei euch los ist.") und verbessert zweitens ganz nebenbei die Stellung in Verhandlungen mit der Schulleitung, potentiellen Anzeigenkunden und anderen Partnern.

Kooperationen

Die Kooperation ist die einfachste und zugleich wohl wirksamste Form der kostengünstigen bzw. kostenlosen Außenwerbung. Wie in den folgenden Beispielen ausgeführt, hat eine Zeitung (durch ihren Leserkreis und damit durch ihr Sendungs- und Werbepotenzial) nahezu unbegrenzte Kooperationsmöglichkeiten.

Besonders sein, besonders bleiben
Beachten sollte man aber, dass man bei diesen Kooperationen eine gewisse Linie fährt und sich sowie seinen guten Namen nicht für alles und jeden hergibt. Wenn der Eindruck entsteht, der Markenname wird für jedes Projekt verramscht, ist die harte Arbeit zum Aufbau der Marke zerstört.

Meistens bauen diese auf das „Win-win-Prinzip" auf. Dies bezeichnet eine Zusammenarbeit, aus der beide Partner zu geringen Einsätzen Nutzen ziehen.

Kooperation konkret

Eine Zusammenarbeit ist besonders förderlich. So kann die Redaktion sich zum Beispiel mit Vereinen, Organisationen und Verbänden, als auch mit Bands, Künstlerkollektiven, Soundsystemen oder anderen kulturellen Vereinigungen zusammenschließen. Über sportliche Erfolge lässt sich wunderbar in einer Schülerzeitung berichten (dabei ganz nebenbei die Veranstaltung als Pressevertreter besuchen und das Talent angehender Sportjournalisten fördern) und bietet die Möglichkeit, im Gegenzug die Strukturen des Vereins nutzen. Der Verein kann als Dankeschön die Exemplare für die Mitglieder günstig erwerben oder in seinem Vereinsheim auslegen. Auch eine Verlinkung der Webseiten oder der Verkauf der Zeitung auf Sportveranstaltungen (am besten am Infostand des Vereins) oder eine Anzeigenschaltung zur Mitgliedswerbung sind denkbar. Grundsatz ist hierbei: Wo jemals ein Redaktionsmitglied auftaucht, kann auch die Zeitung auftauchen.

Öffentliche Stellen

Egal ob Tourismusverband, Gemeindeverwaltung oder Jugendclub – alle Einrichtungen, die in irgendeiner Art und Form öffentliche Gelder bekommen oder in der Region bzw. lokal an der Basis arbeiten, haben ein Interesse an der Meinungsäußerung junger Menschen. Für die Zeitung ist vor allem das Angebot dieser Institutionen sehr interessant. Egal, ob der Jugendclub, in dem sich potentielle Leser aufhalten, oder die Gedenkstätte, die durch den politischen Inhalt einen Bericht wert ist, oder der Bürgermeister selbst – ein gutes Verhältnis kann nie schaden.

Jede öffentliche Stelle eignet sich von daher zur Kooperation:

- Gemeindeverwaltung (Bezirksämter in den Städten)
- öffentliche Jugendclubs
- Gewerkschaften und deren Einrichtungen
- Parteien und Verbände, ggf. Hilfsorganisationen (Bspw. DRK, DLRG)
- kirchliche Einrichtungen
- int. Jugendbegegnungsstätten
- Bildungs- und Gedenkstätten
- Jugendherbergen
- Volkshochschulen
- Bibliotheken

Werbung

Lobbyarbeit

Es wirkt meistens schon Wunder, wenn ihr dem Verantwortlichen der jeweiligen Einrichtung je ein Exemplar zukommen lässt und dieser vielleicht weitere drei bis vier Ausgaben auslegt.

> Die Schülerzeitung kann auch an anderen Stellen ausgelegt werden.

Diese Einrichtungen – mit Ausnahme der Jugendclubs – werden häufig vor allem von Besuchern genutzt, die sonst nicht zum klassischen Leserkreis einer Schülerzeitung zählen. Dies bringt zwar nicht viel was die Absatzzahlen angeht. Aber umso bekannter die Marke in der Gegend ist, desto besser stehen die Chancen Anzeigen von örtlichen Unternehmen oder Vereinen zu bekommen. Wenn der Unternehmer seine Anzeige nicht nur im Belegexemplar, sondern auch beim Besuch des Ordnungsamtes oder vielleicht im Wartezimmer der Arztpraxis findet, erhöht dies die Zufriedenheit der Anzeigenkunden und somit die Einnahmen. Eine halbwegs aktuelle Liste der Auslegestellen gehört in jedes Exposé, das die Anzeigenleitung an potentielle Werbekunden sendet.

Lohnt sich das?
Zwar ist es richtig, dass diese Art der Markenwerbung durch Freiexemplare nicht billig ist, aber wenn bei jeder Ausgabe, in der ein kleines finanzielles Polster erwirtschaftet wird, wieder etwas mehr für diese zusätzlichen Exemplare abfällt, wird es der Redaktion bald möglich sein, zumindest im Wechsel verschiedene Kooperationspartner mit freien Exemplaren zur Auslage zu versorgen.

Schülerzeitung in der Bibliothek

Eine besonders gute Möglichkeit der Bekanntmachung ist die örtliche Bibliothek. Viele Städte und Gemeinden haben zumindest eine kleine Bücherei mit Zeitschriftenabteilung. Um im großen Lesesaal gleich neben Spiegel und Stern mit der Schülerzeitung im Zeitschriftenregal aufzutauchen, braucht es meist nur einen Antrag und regelmäßig ein Exemplar. Ein netter Nebeneffekt ist zweifellos, dass die Zeitung danach von der Bücherei für die Nachwelt aufbewahrt wird. Inzwischen sind viele Büchereien auch durch große Bibliothekssysteme angebunden und verfilmen ihre Bestände. So kann dann direkt per Internet auf die dort vorhandenen Ausgaben zugegriffen werden.

Andere Medien

Kleine Besonderheiten wie außergewöhnliche Projekte der Redaktion, Jubiläumsausgaben oder selbst Redaktionsumbildungen und Neugründungen sind den semi- und professionellen Kollegen zumindest eine Meldung wert. Häufig kann man sich dabei auch auf ehemalige Redakteure stützen, die sich jetzt während des Studiums bei solchen Medien probieren. Eine kurze Information an das örtliche Anzeigenblatt, die Studentenzeitung, den Gemeindebrief, den Lokalanzeiger, die regionale Tageszeitung oder ähnliche Medien kostet nichts und zeigt von Zeit zu Zeit große Wirkung.

Kooperation mit anderen Schülerzeitungen

Auch die Kooperation mit anderen Schülerzeitungen kann sich lohnen. Neben der gemeinsamen Nutzung von Kapazitäten (wie Webspace) oder dem gemeinsamen Drucken – wegen Massenrabatts – sind auch Gastartikel in einer solchen Partnerzeitung oder ähnliche Aktionen möglich, die für beide Redaktionen doppelte Arbeit sparen und wieder die Markennamen bei einem größeren Kundenkreis bekannt machen. Jedoch aufpassen: Es soll um Kooperation und nicht um Konkurrenz gehen.

Werbung

Wettbewerbe

Mit den bisher beschriebenen Schritten kann es die Redaktion schaffen, das Magazin in der eigenen Schule, im Bezirk, der Gemeinde oder Stadt, mit etwas Anstrengung auch in der Region bekannt zu machen und somit den Kundenkreis an der eigenen Schule, als auch einen festen Stamm von Anzeigenkunden, aufzubauen und zu halten.

Dies sind gute und nötige Voraussetzungen für eine solide und qualitativ hochwertige Redaktionsarbeit in deiner Schülerzeitung. Der nächste Schritt ist die Zeitung auch anderen Medien landes- und bundesweit gegenüberzustellen. Hierbei gibt es beispielsweise die großen Wettbewerbe wie den Schülerzeitungswettbewerb der Länder, organisiert von der Jugendpresse Deutschland und der Kulturministerkonferenz, und den Schülerzeitungswettbewerb des Wochenmagazins Der Spiegel.

Bei einem solchen Wettbewerb unter die vorderen Plätze zu kommen oder gar einen Preis zu erhalten, macht den Namen der Schülerzeitung über die Maßen hinaus bekannt und hat alle Nebeneffekte gut gemachter Werbung für eine minimale Anstrengung. Solche Wettbewerbe, die sowohl von Medien und Wirtschaft (z.B. Allianz, Spiegel), als auch von den Kultusministern und verschiedenen anderen Verbänden angeboten werden, sind einfach im Netz zu finden und oftmals auch mit interessanten Preisen dotiert.

Das Internet

Das Internet verbindet viele Menschen mit den unbegrenzten Möglichkeiten, Informationen zu bekommen und auszustellen. Alles scheint möglich. Doch wenn das Internetangebot einer Schülerzeitung nicht nur gut gemacht *(siehe auch Kapitel Online-SZ)* sondern auch gut besucht sein soll, muss dazu etwas getan werden.

Das Netz lebt von Netzwerken, die sich wiederum mit Kooperationen bilden und Interessierte von einer Seite zu einer anderen assoziierten Seite geleiten. Diese Verlinkungen auf die Seite der Schülerzeitung sind sinnvoll, sobald die Zeitung mit auch nur einem Federstrich erwähnt wird.

Auch mit allen anderen Kooperationspartnern sind die Verlinkungen sinnvoll. Da inzwischen von der Schule bis zum Fahrradladen viele Betriebe, Einrichtungen, Behörden etc. eine Internetpräsenz besitzen, ist von solchen Partnern bei einer guten Lobby- und Kooperationsarbeit die Bereitschaft groß, die eigene Website auch für die Leserschaft der Schülerzeitung zugänglich zu machen.

> Kooperationspartner können auf der Homepage der Schülerzeitung verlinkt werden.

Der Vorteil am Netz ist: So eine Verlinkung kostet nichts. Sie macht keine großen Umstände und lohnt sich daher eigentlich schon, sobald der Link auch nur einmal genutzt wird.

Fazit: Umso mehr Menschen eure Zeitung wahrnehmen, desto besser. Spätestens nach ein paar Monaten können die Gewinne und vor allem das Image stark verbessert werden, sofern die verhältnismäßig aufwandsarme Öffentlichkeitsarbeit und das kleine Einmaleins der Werbestrategie verfolgt werden.

Werbung in der Schülerzeitung

Die ganzen Kniffe und Tricks, wie die Bücher der Redaktion gut aussehen und übersichtlich bleiben, finden sich im *Kapitel Finanzen*. Doch um Einnahmen zu erwirtschaften, sind die meisten Schülerzeitungen auf die Annahme von Anzeigen angewiesen. Das ist leichter gesagt als umgesetzt. Das Anzeigenvolumen

Werbung

von Unternehmen ist oftmals nicht sonderlich groß, oder es handelt sich um sehr große Unternehmen, denen wiederum die Reichweite der Schülerzeitung nicht ausreicht. Doch eines nach dem anderen.

Anzeigenleitung

Damit alle Anzeigenkunden einen einheitlichen Ansprechpartner haben, der sich auch mit der Materie ausreichend auskennt, sollte jede Redaktion eine Anzeigenleitung bestimmen. Diese Person oder Personen nehmen dann alle Aufgaben bzgl. Anzeigen, von der Akquise bis zur Rechnungsstellung, wahr. Mit dem Charme und dem Verkaufsgeschick dieser Leute steht und fällt der Anzeigenumsatz. Gleiches gilt leider auch für die Genauigkeit und Umsichtigkeit der Anzeigenleitung.

Werbestrategie

Die Redaktion sollte sich einig sein, wer im Blatt werben darf und wer nicht. Diese Debatte ist nicht immer einfach. Beispielsweise zerbrach die Redaktion einer Berliner Schülerzeitung an der Frage, ob eine gutdotierte Anzeige, in der die „Bundeswehr" für Nachwuchs warb, gedruckt werden sollte oder nicht. Ähnliche Konflikte sind bei transnationalen Unternehmen (Coca Cola, Pepsi) oder Parteien mindestens ebenso denkbar.

Lokal, regional, global?

Generell kommen eine große Anzahl von Firmen und auch Verbänden dafür in Betracht, eine Anzeige in eurer Schülerzeitung zu schalten. Allen gemein ist das Zielgruppeninteresse. Die Redaktion sollte sich daher fragen, ob ihre Leserschaft für die Firma eine Zielgruppe darstellt. Generell sind lokale Firmen einfacher zu einer Anzeige zu bewegen und auch einfacher von der Anzeigenleitung zu betreuen, weil unbürokratischer. Sie haben aber auch weniger Mittel für Werbung und auch nicht bei jeder Ausgabe ein Interesse zu werben. Andererseits haben größere Unternehmen stets mehr Verwaltung und sind schwieriger zu betreuen. Dafür sind sie oft besser bemittelt und auch bereit für einzelne Anzeigen im Verhältnis mehr Geld aufzubringen.

Tipp:

Grundsätzlich sind alle regionalen Unternehmen potentielle Werbekunden, hier nur einige Denkanstöße für die häufigsten:

- Fahrschulen
- Sportvereine / Fitnessstudios
- Banken und Sparkassen
- Bäckereien (in Schulnähe)
- Boutiquen / Klamottenläden
- Musikschulen
- Tanzschulen
- (Schul-) Buchverlage
- Bars / Clubs
- Regionale Radiosender
- Schreibwarenläden
- Die Bahn / Privatbahnen
- Gewerkschaften
- Lobbyverbände (z.B. CMA, BDA)
- potentielle Arbeitgeber (z.B. Lufthansa, Rewe, Bundeswehr)
- Organisationen für Auslandsaufenthalte

Werbemappe

Niemand kauft die sprichwörtliche Katze im Sack. Ein Kaufmann schon gar nicht. Deshalb sollte ein Anzeigenakquisiteur zumindest mit einer kleinen Mappe aufwarten können. Diese enthält ein kleines Faktenblatt, das die Zeitung beschreibt. Neben Auflage und Leserkreis gehören auch die meisten anderen Impressumsfakten dazu, nett und übersichtlich gelayoutet. Ein Beispielexemplar, eine Preistabelle und Beispiele für verschiedene Größen von Anzeigen runden eine solche Mappe ab.

Vertrieb

**Die fertigen Schüler-
zeitungs-Exemplare
müssen nun an all
die begierigen Leser
gebracht werden, die
durch das Schulgebäude
laufen. Diese sind schon
alle informiert – durch
die Vorwerbung.**

Warum sollte sich eine Redaktion nach der ganzen Anstrengung mit Recherchieren, Schreiben, Redigieren, Layouten und Drucken auch noch mit solchen Nebensächlichkeiten wie dem Vertrieb abmühen?

Klar, wenn es sich um eine Zeitung mit 50 Exemplaren handelt, so reicht es, jedem Redakteur ein paar Exemplare in die Hand zu drücken – mit dem Auftrag sie an die geneigte Leserschaft zu bringen.

Doch spätestens wenn die Auflage ein paar hundert Stück umfasst, viel Zeit, Mühe und vielleicht auch viel Geld in die Produktion gesteckt werden, wird es zunehmend wichtiger (ideell als auch materiell), dass große Auflagezahlen erreicht und auch verkauft oder verteilt werden.

Wenn dann noch logistische Probleme, wie verschiedene Schulgebäude, Filialen, Erscheinen an mehreren Schulen oder zusätzliche Verteilung an Jugendclubs oder anderen nichtschulischen Einrichtungen dazukommt, wird es ohne Logistik zu einem unüberschaubaren Chaos.

Wozu Vertriebslogistik?

Ziel jeder Verteillogistik und jedes Vertriebskonzeptes ist es, die Auflage zu erhöhen und eine möglichst optimale Nutzung der gedruckten Menge zu erzielen, um somit die Verbreitung zu fördern und als Nebeneffekt auch die betriebswirtschaftliche Situation des Mediums zu verbessern. Alle vorgestellten Konzepte und Ideen sind nur Beispiele. Es gibt – auch mit Marketing verbunden – zahlreiche weitere Möglichkeiten, die oben formulierten Ziele zu erreichen. Erlaubt ist was gefällt und Erfolg hat.

> Ein gutes Vertriebskonzept erhöht die Auflagenzahl.

Verkaufslogistik

Geschafft: die neue Ausgabe ist da! Das Heft sieht gut aus, die Redaktion ist glücklich, die ersten Lobworte kommen von Leuten, die schon einmal kurz reingeschaut haben. Doch jetzt geht die Arbeit erst noch einmal richtig los. All die schönen Exemplare, die dort im Kasten liegen, müssen nun an all die begierigen Leser gebracht werden, die durch das Schulgebäude laufen. Diese sind schon alle informiert – durch die Vorwerbung.

Der Kiosk

Früher gab es ihn an jeder Ecke – jetzt ist er leider nur noch selten im Stadtbild zu finden: der Kiosk. Das Konzept, dass sich in der freien Wirtschaft in den letzten zwanzig Jahren leider nicht nachhaltig bewährt hat, ist für Schülerzeitungen wie geschaffen als Vertriebsform.

Vertrieb

Geeignete Plätze zum Verkauf sind zum Beispiel:

- Foyer
- Eingangsbereich
- Cafeteria
- Aufenthaltsraum
- Kantine
- am Schaukasten
- vor dem Sekretariat
- Schulbibliothek
- Hausaufgabenzimmer
- Schulclub
- Schulbushaltestelle

Benötigte Materialien

Einen Kiosk in der Schule aufzumachen ist mehr als simpel. Im Wesentlichen braucht man nur ein bis zwei Tische und eine Kasse, und schon ist der Kiosk fertig. Natürlich bietet es sich an, den Kiosk noch ein bisschen auszugestalten. Der Schriftzug der Zeitung kann zum Beispiel als Plakat hinter dem Verkaufstisch aufgehängt werden, damit auch jeder gleich weiß: Hier wird die Schülerzeitung verkauft.

Es ist auch wichtig, dass die Verkaufsstelle während der großen Pausen ständig besetzt ist und auch immer mit genügend Heften versorgt wird. Es empfiehlt sich daher, mindestens zwei Redakteure für die Betreuung des Standes in jeder Pause einzuteilen. Mit dem Stundenläuten muss der Stand besetzt sein und erst mit dem nächsten Stundenläuten schließen. Am besten wird auf der Redaktionssitzung vor dem Verkauf eine Liste erstellt, wer wann und wo verkauft.

Der fliegende Händler

Selbst wenn der Kiosk noch so zentral wie nur irgend möglich platziert ist, kann man doch nicht alle Schüler mit diesem erreichen.

Um auch den Schülern, die sich nicht in der Pausenhalle oder im Schulhaus aufhalten, die Möglichkeit einzuräumen, mit möglichst wenig Aufwand an ein Exemplar der Zeitung zu gelangen, setzt man am besten fliegende Händler ein.

Tipp:

Wenn der fliegende Händler per Provision am Verkauf beteiligt wird, so können auch Redaktionsfremde leicht als Verkaufspersonal rekrutiert werden. Dies spornt zu mehr Absatz an – obwohl es den Gewinn schmälert – und fördert so die Verbreitung der Zeitung in der Schule.

Der Klassenverkauf

Aber Vorsicht: Besonders in Bereichen, die nicht der Verantwortung der Schule unterliegen, können Verkaufsbeschränkungen gelten. Besonders in fremd bewirtschafteten Bereichen (Cafeteria, Kantine), als auch außerhalb der Schule (Supermarkt, Bäcker oder im Bus) sollten die Verkäufer den Handel mit der Zeitung unterlassen. Näheres zu den rechtlichen Feinheiten beim Vertrieb auf dem Schulgelände findet sich auch im Kapitel Recht.

Der Klassenverkauf

Eine noch flächendeckendere – wenn auch zeitlich und nervlich sehr intensive – Art des Vertriebs einer Schülerzeitung ist der Verkauf in den Klassen. Dieser setzt jedoch eine sehr gute Akzeptanz der Zeitung im Kollegium und das Einvernehmen der Schulleitung voraus.

Wenn die Zeitung in den jeweiligen Klassen verkauft werden soll, muss neben der Zustimmung der Schulleitung auch eine Absprache mit jedem einzelnen Fachlehrer bestehen.

Daher bietet sich der Vertrieb im Klassenverband nur für Zielgruppen an, die ansonsten aus verschiedenen Gründen nicht am Kiosk oder bei fliegenden Händlern kaufen; weil ihnen entweder Wissen oder Selbstvertrauen fehlt. Besonders die „kleinen" Jahrgänge trauen sich oftmals nicht an den Kiosk, hinter dem die „Großen" sitzen oder haben von der Schülerzeitung meist nur wenig mitbekommen.

Die angebrachteste Variante des Klassenverkaufs ist der Kurzvortrag, nach dem dann eine gewisse Anzahl von Heften auf den Lehrertisch gelegt wird. Daneben wird eine Kasse des Vertrauens aufgebaut, die dann in der nächsten Pause geleert wird.

Finanzen

„Ohne Moos nix los!" – die Finanzierung ist die wohl größte Herausforderung. Leider gibt es kein Patentrezept, das dafür sorgt, dass alle Schülerzeitungen nur noch in Geld schwimmen. Aber es gibt eine Menge Tipps und Regeln, die man kennen sollte, wenn man nicht nach der ersten Ausgabe Konkurs anmelden will.

Im ersten Abschnitt unter der Überschrift Organisation gibt es grundsätzliche Hinweise, die beim Thema Finanzen zu beachten sind. Weiter geht es im zweiten Abschnitt mit den Ausgaben, die beim „Zeitung machen" unweigerlich entstehen. Die Abschnitte drei, vier und fünf beschäftigen sich mit den Einnahmemöglichkeiten, die Geld in die Redaktionskasse spülen können.

Organisation der Finanzen

Verantwortliche bestimmen

Die Verantwortung über die Finanzen sollten ein oder zwei Redakteure übernehmen. Praktisch ist es, wenn diese schon volljährig sind. Dann können sie die Geschäfte der Zeitung auch ohne Einwilligung der

Eltern führen. Sind die Finanzverantwortlichen jünger als 18 Jahre, müssen die Eltern zustimmen, dass sie diese Aufgabe übernehmen.

Hauptaufgabe der Finanzverantwortlichen ist es, den Überblick über die finanzielle Situation behalten (siehe Abschnitt Buchführung weiter unten) und immer Geld in der Kasse zu behalten. Deswegen übernehmen sie meist auch die Aufgabe des Anzeigenleiters und stehen als solche auch im Impressum der Zeitung. Sinnvoll ist es, eine langfristige Finanzplanung zu erstellen, aus der alle absehbaren Einnahmen und Ausgaben ersichtlich sind. Deshalb arbeitet der Anzeigenleiter eng mit den Organisatoren des Drucks und des Verkaufs zusammen. Auch die Verwaltung des Kontos fällt in den Aufgabenbereich der Finanzverantwortlichen.

> Der Finanzverantwortliche muss den Überblick über die finanzielle Situation behalten.

Finanzordnung

Die Redaktion sollte sich grundsätzlich darüber einig werden, welche Kosten sie übernimmt und welche die Redakteure als ihr „Privatvergnügen" aus eigener Tasche zahlen sollten. Das Ergebnis sollte man in einer „Finanzordnung" festhalten, damit jeder genau weiß, woran er ist. Es wäre beispielsweise angemessen, wenn ein Redakteur die CD für seine Kritik selbst bezahlt. Dass der Layouter alle Tintenpatronen oder Tonerkartuschen für seinen Drucker selbst zahlen soll, wäre hingegen zu viel verlangt. In jedem Fall sollte diese Auszahlungen nur eine Person vornehmen. Dieses Geld sollte auch erst herausgeben werden, wenn ihr die betreffenden Quittungen bekommt.

> Um Missverständnisse zu vermeiden, sollte eine Finanzordnung erstellt werden.

Konto

Jede Jugend- oder Schülerzeitung braucht ein eigenes Girokonto. Bei den allermeisten Banken und Sparkassen gibt es die für Jugendliche kostenlos – warum also nicht auch für jugendeigene Medien. Wenn die Bank oder Sparkasse mitspielt, sollte man

Finanzen

das Konto auf den Namen der Zeitung einrichten, das erspart die Änderung der Kontonummer, wenn der Finanzverantwortliche wechselt. Einige Banken haben allerdings ein Problem damit, weil eure Zeitung in der Regel keine richtige „juristische Person", d.h. keine rechtliche Gesellschaft ist.

Dann fragt einfach einen Lehrer oder gar den Direktor, ob ihr das Konto auf dessen Namen eröffnen könnt. Der Vorteil dieses Vorgehens ist, dass der Lehrer in der Regel über einen längeren Zeitraum an der Schule ist und das Konto ebenso lange erhalten bleibt.

Zeichnungsberechtigt sein sollten der Anzeigenleiter und einige wenige vertrauenswürdige Redaktionsmitglieder sein, die noch einige Zeit zur Redaktion gehören werden. Heute ist es z.B. durch Onlinebanking recht einfach möglich, die Kontoverfügung an die Nachfolger weiterzugeben.

Buchführung

Die Dokumentation der finanziellen Vorgänge, kurz „Buchführung", ist ein geheimnisumwittertes Kapitel. Dazu kommt, dass sie nicht wirklich Spaß macht, denn sie besteht im Wesentlichen im Sortieren und Abheften von Quittungen. Dabei ist es eigentlich ganz einfach: Man sammelt alle Quittungen, Kontoauszüge und anderen Unterlagen, die Einnahmen oder Ausgaben belegen. Für Einnahmen und Ausgaben, für die es keinen solchen Beleg gibt (z.B. Kopien an öffentlichen Kopierern, Fahrtkosten bei Fahrten mit dem eigenen Auto) schreibt man selbst einen „Eigenbeleg" – einen Zettel, auf dem Datum, Zahlungsgrund und Betrag stehen und der von dem Begünstigten unterschrieben wird.

Regelmäßig setzt man sich hin und sortiert alle Belege nach dem Datum. Dann nimmt man ein Kassenbuch

> Buchführung: Die Einnahmen und Ausgaben der Schülerzeitung müssen dokumentiert werden.

(das bekommt man im Schreibwarenhandel), ein altes Schulheft oder eine Excel-Tabelle und notiert in dieser Reihenfolge für jede Einnahme oder Ausgabe in fünf Spalten folgendes:

- laufende Nummer
- Datum der Einnahme oder Ausgabe
- Grund (also: „Was wurde hier eingenommen?" bzw. „Wofür wurde hier Geld ausgegeben?")
- wenn es sich um eine Einnahme handelt: den Betrag (sonst bleibt das Feld leer)
- wenn es sich um eine Ausgabe handelt: den Betrag (sonst bleibt das Feld leer)

Hat man alle Einnahmen und Ausgaben notiert, addiert man beide Spalten und zieht das Ergebnis der Ausgaben vom Ergebnis der Einnahmen ab. Die Differenz (die auch negativ sein kann), entspricht der Veränderung gegenüber dem Bestand bei der letzten Buchführungs-session. Addiert (der letzte Bestand und die aktuelle Differenz) ergeben sie den aktuellen Bestand. Dieser muss dem Gesamtbetrag des wirklich vorhandenen Geldes (Bargeld plus Kontostand) entsprechen. Tut er das nicht, hat man sich verrechnet, Belege vergessen o.Ä. Dann geht die Sucherei los und die ist die eigent-liche Freude bei der Buchführerei...

Zuletzt nimmt man einen Schnellhefter oder Ordner, schreibt auf jeden Beleg die ihm im Kassenbuch zugeordnete laufende Nummer und heftet ihn in dieser Reihenfolge ab.

Steuern

Um Steuern muss sich eine Schüler- und Jugendzeitung in aller Regel keine Gedanken machen, denn hier gelten hohe Freibeträge:

Finanzen

Bei der Umsatzsteuer, die auch Mehrwertsteuer genannt wird, fällt unter die so genannte Kleinunternehmerregelung, wer im vergangenen Jahr nicht mehr als netto EUR 17.500 umgesetzt hat und im laufenden Jahr voraussichtlich nicht mehr als EUR 50.000 umsetzen wird.

Bei der Gewerbesteuer gilt ein Freibetrag von EUR 24.500 im Jahr und zwar nicht bezogen auf den Umsatz, wie bei der Umsatzsteuer, sondern sogar bezogen auf den Gewinn. Wer diesen Freibetrag knackt, ist sicherlich keine Schüler- oder Jugendzeitung mehr und kann sich im Übrigen bestimmt auch einen richtigen Steuerberater leisten.

> Die genannten Regelungen und Zahlen sind auf dem Stand vom November 2009. Änderungen vorbehalten.

Bei der Körperschaftssteuer gilt ein Freibetrag von EUR 3.835 im Jahr, ebenfalls bezogen auf den Gewinn. Wer mehr erwirtschaften konnte, kann sich vom Finanzamt als „gemeinnützig" anerkennen lassen.

Rücklagenbildung

Für eine Schüler- oder Jugendzeitung ist es immer sinnvoll, ein gesundes Finanzpolster zu haben, das (Faustregel) die komplette Entwicklung und den Druck einer Ausgabe abdecken kann. Das hilft einem, falls man einmal eine Ausgabe in den Sand gesetzt hat oder die Redaktion z.B. Opfer eines Anzeigenboykotts wird.

> Es kann wichtig sein, ein wenig Geld aus den Erlösen der Schülerzeitung zurückzulegen.

Diese Rücklage lässt sich aus den Gewinnen bilden, die zurückbleiben, wenn alles sorgfältig geplant und durchgeführt wurde und keine unvorhergesehenen Ereignisse aufgetreten sind.

Man kann den Gewinn aber auch zur Anschaffung von Geräten wie Computern und Zubehör oder einer Kamera verwenden, wozu allerdings nur in den seltensten Fällen der Gewinn einer einzelnen Ausgabe reichen dürfte.

Kommen wir nun zum eigentlichen Geschäft – Geld besorgen und es wieder ausgeben.

Ausgaben

Es gibt vielfältige Ausgaben für Jugend- und Schülerzeitungen. Welche genau aufgebracht werden müssen, ist von Zeitung zu Zeitung verschieden.

Auf alle Fälle braucht man die Übersicht über die Gesamtsumme der Ausgaben, in die alle Ausgaben einfließen, die im individuellen Fall anstehen. Dazu gehören „Stückkosten" – das sind Kosten, die mit einer konkreten Ausgabe der Zeitung zusammenhängen, wie z.B. der Druck- genauso wie „Fixkosten" – das sind Kosten, die unabhängig von einer konkreten Ausgabe entstehen, wie z.B. die Gebühren für das Konto oder der Mitgliedsbeitrag für den Jugendpresseverband. Wenn pro Jahr nur eine Ausgabe erscheint, zählen zu deren Gesamtkosten auch alle Fixkosten dieses Jahres, erscheinen zwei Ausgaben, teilen sich die Fixkosten auf beide auf usw.

Für die Ausgabenvorausberechnung der Finanzplanung setzt man nun für jeden Posten einen möglichst realistischen, im Zweifelsfall eher zu hoch als zu niedrig geschätzten, Wert an, und addiert die Beträge. Dabei darf man z.B. die Mehrwertsteuer beim Druckpreis nicht vergessen, die viele Druckereien in ihren Preislisten nicht einrechnen.

Zum Endergebnis addiert man noch die „freie Finanzspitze" in Höhe von bis zu 25 Prozent (!) für Ausgaben, mit denen man zu diesem Zeitpunkt noch nicht rechnen kann. Wird dieses Geld hinterher wirklich nicht benötigt, führt man es der Rücklage zu.

Finanzen

Druckkosten

Die wohl größte Ausgabe, die die meisten Zeitungen tätigen müssen, ist der Druck. Sein Preis und seine Effektivität (entspr. der Qualität) lassen sich jedoch durch ein geschicktes Verhalten der Redaktion günstig beeinflussen. Grundsätzlich hat man als Redaktion zwei Möglichkeiten: entweder entscheidet man sich für die Druckerei vor Ort oder man sucht sich eine passende und günstige Druckerei im Internet.

Beide Varianten haben einige Vor- und Nachteile. So kann hat man bei der Druckerei vor Ort meist einen Ansprechpartner, der bei Fragen zum Layout und zur Erstellung der Druckdaten Hilfestellung leisten kann. Auch die Versandkosten entfallen bei der Druckerei vor Ort. Allerdings ist der Druckpreis meist höher als bei der Druckerei im Internet; dieser lässt sich durch geschicktes Verhandeln oder das Platzieren einer Annonce der Druckerei meist noch etwas drücken. Druckereien im Internet sind meistens wesentlich günstiger als die Druckerei vor Ort, zudem gibt es Druckereien, die sich auf Schüler- und Jugendzeitungen spezialisiert haben und einem schon im Vorfeld Tipps geben, wie man die größten Probleme bei der Erstellung der Druckdaten umschiffen kann. Auch können im „Kleingedruckten" Kostenfallen versteckt sein: Ist die Mehrwertsteuer schon im Preis enthalten? Benötigt man zusätzliche Leistungen, wie den Check der Druckdaten oder den Anschnitt der Seiten? Sind die Versandkosten bereits enthalten?

Bezahlung der Druckerei

Dabei gibt es verschiedene Möglichkeiten. Viele Druckereien, darunter insbesondere die auf Schülerzeitungen spezialisierten, haben auch Verständnis dafür, wenn man ihre Rechnung erst einige Zeit nach Auslieferung der Exemplare bezahlt. Wenn dadurch jedoch der Preis in die Höhe schnellt (solch dubiose Geschäftspraktiken gibt es wirklich) oder – intelligenter aufgebaut, aber im Prinzip das Gleiche – beachtliche Rabatte verloren gehen, sollte man sich lieber nach einer anderen Möglichkeit umsehen.

Finanziert sich die Schülerzeitung mittels Anzeigen, kann man versuchen, die eigenen Anzeigenkunden seinerseits mit einem großzügigen Rabatt, der in der Kalkulation bedacht wurde und der Zeitung deshalb nicht weh tut, zur Vorauszahlung zu bewegen. Man bekommt zwar immer wieder erzählt, dass die Inserenten da nicht mitmachen würden, weil sie immer erst ein Belegexemplar sehen wollten, aber wenn man nur mit einem entsprechenden Rabatt lockt, bricht so manche Front zusammen – insbesondere, wenn man den Anzeigenkunden zudem noch vertraglich zusichert, dass sie bei schuldhafter Nicht- oder Schlechterfüllung des Vertrags durch die Redaktion ihr Geld zurückbekommen.

Sollte man dadurch nicht genügend Geld zusammenbekommen, um die Druckrechnung vorzustrecken, kann man versuchen, einen Privatier wie z.B. engagierte Eltern oder Lehrer zu finden, die einem den noch fehlenden Betrag zinslos leihen. Klar, dass sich die Redaktion verpflichtet, diese Schulden abzuarbeiten, falls mit der Rückzahlung etwas schief gehen sollte. Weitere Möglichkeit, das benötigte Geld zusammenzubekommen, sind weiter unten beschrieben. Die wirklich allerletzte Möglichkeit sollte es sein, mit der Bank sprechen, ob man das Redaktionskonto zu diesem Zweck für eine begrenzte Zeit überziehen darf.

Schlechter Druck

Wenn die Druckerei Mist gemacht hat – was besonders bei den preislich recht günstigen Sofortdruckereien manchmal vorkommt – stehen einem die gleichen

Finanzen

Rechte auf Minderung und Wandelung zu, die auch die Anzeigenkunden einem selbst gegenüber haben.

Wenn die Druckerei sich nicht kulant zeigt und einem Preisnachlass in den Dimensionen, die sich die Redaktion vorstellt, zustimmt, geht man am besten zur Schiedsstelle der Handwerkskammer. Hier wird man über seine Mittel und Möglichkeiten beraten und das Wort dieser Schiedsstelle wiegt bei der Druckerei schwer.

Unterschiedliche Ausgabe-
posten bei Schüler-
zeitungen:

- Beitrag für den Ju-
  gendpresseverband
- Büromaterial
- Fahrtkosten
- Layout-Materialien
- Kopien
- Porto
- Seminargebühren
- Telefonkosten
- Sonstiges

Weitere Ausgaben

Neben dem Druck wird bei Schüler- oder Jugendzeitungen für eine Vielzahl von Dingen Geld ausgegeben.

Welche Kosten tatsächlich von der Redaktion übernommen werden, solltet ihr gemeinsam in der schon weiter oben erwähnten Finanzordnung festlegen.

Außerdem freut sich jeder Redakteur, wenn er nach vollbrachtem Verkauf einer Ausgabe auf Redaktionskosten Eis- oder Pizzaessen gehen darf.

Zusammenfassung

Eine Jugend- oder Schülerzeitung finanziell gesichert über die Runden zu bringen, ist sicherlich kein Pappenstiel.

Wenn man jedoch mit genügend Vorsicht und Ausdauer daran geht, kann es sogar richtig Spaß machen. Gerade ein ständiger Überblick über die jeweilige finanzielle Situation spart einem so manche schlaflose Nacht, die die Beinahe-Bankrotteure unter den Anzeigenleitern Jahr für Jahr verbringen.

Erfolgsentscheidend ist dabei auch, dass die Redaktion den Anzeigenleiter mit den Finanzen nicht alleine lässt. Im beidseitigen Interesse sollte er regelmäßig, mindestens aber nach jeder Ausgabe, über alle finanziellen Transaktionen berichten, Kassenbuch und Belegordner vorlegen und vortragen, wie die anderen Redakteure ihn bei seiner Arbeit zukünftig noch besser unterstützen können.

Einnahmen zum Ersten

Einnahmen zum Ersten:
Der Verkauf

Für die Festlegung des Verkaufspreises lassen sich keine festen Regeln aufstellen. Üblich sind Preise zwischen Centbeträgen und etwa zwei Euro, viel mehr dürfte auch nicht durchsetzbar sein. Für Lehrer (oder auch „Besserverdiener") ist es durchaus normal, einen erhöhten Verkaufspreis festzusetzen, dieser liegt meist bei einem Euro mehr bis zum Doppelten des normalen Verkaufspreises. Kostenlos sollte jeder Anzeigenkunde und jeder Mitarbeiter ein Exemplar bekommen. Auch die meisten Jugendpresseverbände freuen sich über Exemplare für ihre Archive. Weitere Hefte sollte man für die Teilnahme an Wettbewerben (siehe z.B. www.schuelerzeitung.de/wettbewerb) und Zeitungstauschringen und für die Werbung weiterer Anzeigenkunden für die kommende Ausgabe zurück-behalten.

Handverkauf

Der überwiegende Teil des Verkaufs einer Schüler-zeitung wird sicherlich auf dem Schulgelände stattfinden. Man kann allerdings versuchen, günstige Umstände zu schaffen, die es den Verkäufern leichter machen: etwa in dem man eine Genehmigung der Schulleitung erwirkt, durch die Klassen gehen zu dürfen. Aber auch der Verkaufstisch in den Pausen, am Elternsprechtag oder beim Schulfest erfüllt in aller Regel seinen Zweck.

In Kommission geben

Schülerzeitungen darf man natürlich auch außerhalb der Schule verkaufen. So kann man sie z.B. in Buchhandlungen, Zeitungsläden, bei der Bäckerei um die Ecke der Schule oder wo auch immer „in Kommission geben". Das bedeutet, die Zeitung dort zu hinterlassen

Finanzen

und gegen Provision (bei Druckerzeugnissen wie einer jugendeigenen Zeitung meist ein Viertel bis die Hälfte des Verkaufspreises) verkaufen zu lassen. Wenn man nett fragt, werden die meisten Geschäfte auf die Provision sogar verzichten. Nun darf man natürlich nicht vergessen, nach einer vorher vereinbarten Frist wieder vorbeizuschauen und die restlichen Hefte sowie das eingenommene Geld abzuholen. Und vielleicht kann man bei dieser Gelegenheit ja schon einmal über eine Anzeige in der nächsten Ausgabe sprechen...

weitere Möglichkeiten

Weitere Möglichkeiten den Verkauf zu organisieren, gibt es sicherlich einige. Hier sind dem Einfallsreichtum der Redakteure keine Grenzen gesetzt. Aus der Welt der kommerziellen Zeitschriften kennt man beispielsweise Abonnements. Warum sollte nicht auch eine Schülerzeitung einzelnen Schülern, Lehrern, ganzen Klassen oder vielleicht gutverdienenden Ehemaligen ein Abonnement anbieten, vielleicht sogar zum Gutverdienenden-Ehemaligen-Sonderpreis?

> Schülerzeitungen können auch außerhalb der Schule verkauft werden. Allerdings sollte man die Verkäufer mit einer Provision am Verkauf beteiligen.

Einnahmen zum Zweiten:

Die Anzeigen

Sicher, es gibt Schüler- oder Jugendzeitungen, die ganz ohne Anzeigen auskommen. Aber diese seltenen Glückspilze werden entweder bis über beide Ohren gesponsert, oder sie nehmen Verkaufspreise, die weit über dem Normalmaß liegen. Beides sind jedoch Dinge, die auf eine normale Schüler- oder Jugendzeitung nicht zutreffen bzw. die sie sich auch einfach nicht erlauben sollte.

Man kann das für seine eigene Zeitung sehr einfach nachrechnen: Man addiert alle Einnahmen der Schülerzeitung bis auf die Anzeigen und vergleicht die Summe mit den durchschnittlichen Kosten einer Ausgabe. Man wird feststellen, dass die Finanzierung durch Anzeigen die unerlässliche Grundlage für die Zeitung überhaupt ist.

Anzeigenpreis

Berechnung

Die Anzeigenpreiskalkulation wird oft „Pi mal Daumen" durchgeführt. Dabei lässt sich hier sehr wohl sinnvoll rechnen. Zuerst sollte man ausrechnen, wie viel Geld man mit den Anzeigen einnehmen muss. Das ist genau die Differenz der beiden Werte aus dem vorhergehenden Abschnitt, nämlich der voraussichtlichen Gesamtsumme der Ausgaben – dabei die „freie Finanzspitze" nicht vergessen! – und der Gesamtsumme der sonstigen sicheren Einnahmen. Diese Differenz dividiert man durch die Anzahl der Seiten, die man für Anzeigen opfern will. Das Ergebnis entspricht dem Betrag, den eine Anzeigenseite mindestens einbringen muss.

> Wie wird eigentlich der Anzeigenpreis berechnet?

Nun schlägt man alle Rabatte, die man später gewähren will, erst einmal drauf und rundet den erhaltenen Betrag großzügig nach oben auf. Die Aufrundung kann und sollte ein Volumen von durchschnittlich 20 Prozent ausmachen und dient später dazu, die Einbußen durch die Anzeigen, die erfahrungsgemäß nicht rechtzeitig oder nur teilweise bezahlt werden, aufzufangen. Jetzt erst hat man den Preis einer ganzseitigen Anzeige errechnet. Für eine halbseitige Anzeige verlangt man nun etwas mehr als die Hälfte, weil man ja auch zwei Anzeigen besorgen muss und damit mehr Mühe hat. Auch bei einer Anzeige in Größe einer Viertelseite verlangt man mehr als die Hälfte des Preises einer halbseitigen, weil sich der Arbeitsaufwand wieder erhöht usw. Jeder Inserent soll begreifen: große Anzeigen sind relativ billiger als kleine.

97

Finanzen

Es gibt noch eine weitere Grundregel, nach der man den Anzeigenpreis berechnen kann: eine Faustregel aus Schülerzeitungskreisen lautet „Anzeigen müssen Druck decken". Das ist zwar zu einfach, gibt aber doch einen Anhaltspunkt und basiert immerhin auf der Erkenntnis, dass Anzeigen im Gegensatz zu Verkauf und Spenden relativ sichere Einnahmequellen sind. Es ist jedoch wahr, dass in manchen Regionen ein bestimmter Preis pro Anzeigenseite nicht überschritten werden kann, weil die Kunden sonst nicht mehr mitspielen. Dann bleibt natürlich nur eins: Man muss – wohl oder übel – die Anzahl der Anzeigenseiten erhöhen. Jugend- und Schülerzeitungen, in deren Verbreitungsgebiet es noch andere Publikationen mit einer ähnlichen Zielgruppe gibt, sollten mit diesen die Anzeigenpreise absprechen, um dem „Ihr seid aber die Teuersten..." wirkungsvoll entgegentreten zu können.

Begründung der Preise

Dieser Preis ist mittels „cost pricing" erstellt, er berücksichtigt, welche Kosten bei der Erstellung der Publikation anfallen, aber nicht, welchen Preis die Kunden zu zahlen bereit sind. Einen hohen Preis kann man jederzeit mit den Kriterien, die ihn auch in die Höhe treiben, begründen: Auflage, Druckformat und Druckqualität. Denn davon hängt der Druckpreis und somit indirekt auch der Anzeigenpreis ab – sowie ein niedriges Anzeigenaufkommen in der Publikation. Außerdem sind die Qualität des Inhalts und das Image der Zeitung Kriterien, die man beim immer wieder vorkommenden Feilschen um den Anzeigenpreis ins Feld führen kann.

> Den Anzeigenpreis kann man vor den Kunden mit Auflage, dem Druckformat, der -Qualität und dem Zeitungsimage begründen.

Für potentielle Anzeigenkunden, die an der Zielgruppe der Publikation interessiert sind, gilt außerdem, dass Schülerzeitungen oft die einzige legale Möglichkeit sind, Werbung im Rahmen der Schule zu machen und die Schule oft der einzige Ort ist, an dem alle Schüler einer Stadt oder Region erreicht werden können. Hier haben Schülerzeitungen also gewissermaßen ein Monopol, das sie sich auch angemessen bezahlen lassen sollten. Die Anzeigenleiter sollten sich nur in besonders begründeten Fällen von den in der Anzeigenpreisliste festgehaltenen Preisen abbringen lassen. Die Geschäftsleute haben oft recht gute Kontakte untereinander und die berechtigte Frage, warum zwei Kunden für gleichwertige Anzeigen verschiedene Preise zahlen sollen, sollte sich jeder ersparen. Außerdem bedeutet das ganz einfach Fairness, die man seinen Anzeigenkunden schuldet.

Anzeigenpreisliste

Hat man nun seine Anzeigenpreise, so sollte man unbedingt eine ausführliche Anzeigenpreisliste erstellen. Sie ist das Aushängeschild der Zeitung und gerade bei neuen Zeitungen ausschlaggebend dafür, ob ein potentieller Anzeigenkunde inseriert oder nicht. Deshalb sollte sie „ordentlich und sauber" gestaltet sein. In einer Anzeigenpreisliste sollten die Mediadaten der Zeitung, die Preise für alle möglichen Anzeigenformate (bei DIN A5 etwa bis 1/4-, bei DIN A4 etwa bis 1/8-Seite), die Rabatte und Aufschläge aufgelistet sein. Weiterhin gehören die Preise für Beilagen und Zusatzhefter in die Anzeigenpreisliste.

> Eine Anzeigenpreisliste besteht aus Mediadaten der Zeitung und Preise für alle möglichen Anzeigenformate. Auch für Beilagen.

Man sollte außerdem angeben, welche Vorlagen angenommen werden – reprofähig ist hier einschlägig, aber wirklich interessant ist dieser Punkt nur bei mehrfarbigen Anzeigen. Die nötigen Informationen erhält man auf jeden Fall von seiner Druckerei. Zuletzt gehören noch die Namen der Anzeigenleiter mit Adresse und Telefonnummer etc. und der Herausgeber der Zeitung, in den allermeisten Fällen die Redaktion der Zeitung (Achtung: Nicht die Schule!), auf die Anzeigenpreisliste.

> Reprofähig ist eine Anzeigenvorlage, wenn sie für den Drucker verwertbar ist. Die optimale Auflösung dafür ist 300 dpi.

Finanzen

Rabatte

Bei besonderen Bedingungen in einem Anzeigenvertrag, die der Zeitung zugute kommen, kann man den Kunden mit einem Rabatt belohnen. Da wäre z.b. die Vorauszahlung der Anzeigenrechnung, die bei der Bezahlung der Druckrechnung mehr als wünschenswert ist. Wenn man hier mit einem Rabatt von beispielsweise zehn Prozent lockt (die man bei der Kalkulation natürlich schon mit einberechnet hat), kostet einem Kunden eine Anzeige z.b. nicht mehr EUR 100,-, sondern nur noch EUR 90,-. Ein weiterer Fall, in dem viele Schüler- und Jugendzeitungen Rabatte gewähren, sind Anzeigendaueraufträge. Generell lässt sich dazu sagen, dass es für die Zeitung natürlich wünschenswert ist, wenn ein Kunde verspricht, mehrmals zu inserieren, weil man somit Arbeit bei der Anzeigenakquise spart.

> Wie viel Rabatt man jedoch gibt und welche Vertragsbedingungen man anbietet, bleibt stark von den konkreten Umständen abhängig.

Es ist auch unsinnig, Daueraufträge für alle Ausgaben innerhalb eines halben Jahres abzuschließen, wenn die Zeitung nur einmal im Jahr erscheint. Bei der unregelmäßigen Erscheinungsweise vieler jugendeigener Medien bietet es sich deshalb an, solche Daueraufträge nicht für einen festgelegten Zeitraum, sondern ausgabenabhängig, also z.B. für die nächsten drei Ausgaben, zu vereinbaren.

Aufschläge

Auch in der Anzeigenpreisliste aufgeführt sein sollten verschiedene Sonderleistungen, die der Anzeigenkunde gegen Aufpreis erhalten kann. Manche Anzeigenkunden wünschen eine besondere Platzierung ihrer Anzeigen, zum Beispiel auf der hinteren Umschlagseite, im Fachjargon schlicht „U4" oder „4. Umschlagseite", genannt. Diese Seite ist für jeden nachvollziehbar die beste Werbefläche in der Zeitung, da sie (neben der Titelseite „U1", auf der ja wie z.B. in der Bildzeitung auch manchmal Anzeigen zu finden sind) sogar dann

> Rechte Seiten finden mehr Beachtung beim Durchblättern als linke.

gesehen werden kann, wenn das Heft gerade nicht gelesen wird. Dass man diese Seite den Anzeigen-kunden nicht ohne Aufpreis opfert, sollte klar sein.

Auch im ganz normalen Innenteil gibt es feine Unter-schiede: Beim Durchblättern finden rechte Seiten mehr Beachtung als linke, folglich müssten die rechten Seiten als Werbeflächen auch teurer sein. Ein Vorschlag für die Aufpreisstaffelung ist folgendes, bei vielen Schüler- und Jugendzeitungen praktiziertes Modell: rechte Seiten kosten zehn, die inneren Umschlagseiten „U2" (vorne) und „U3" (hinten) 15 und die Rückseite 20 oder sogar 25 Prozent Aufpreis. Wenn ein Anzeigenkunde keinen Aufpreis bezahlt, bekommt er selbstredend eine linke Seite irgendwo mitten im Heft, denn wenn keiner die guten Plätze bezahlen will, sollte man sie für den redaktionellen Teil nutzen, wegen dem man die ganze Zeitung ja schließlich herausgibt.

Weitere Möglichkeiten für Aufschläge bestehen für...

...weitere Druckfarben in der Anzeige

Wie viel das kostet, erfragt man am besten vorher bei der eigenen Druckerei. Nicht vergessen sollte man, dass diese Farbe dann auch auf den entspre-chend gegenüberliegenden Seiten von der Redaktion kostenlos mit genutzt werden können.

...Konkurrenzausschluss

Konkurrenzausschluss bedeutet, dass z.B. nur eine der beiden Fahrschulen aus dem Umkreis der Schulen/ im Erscheinungsgebiet eine Anzeige in eurer Zeitung erhält.

...die Platzierung der Anzeige in einem besonderen redaktionellen Umfeld

Zum Beispiel könnte der örtliche Buchladen seine

Finanzen

Anzeige gerne neben den Literaturempfehlungen sehen wollen usw.

...Anzeigengestaltung

Ein weiterer Grund für einen Aufpreis ist, dass die Redaktion/der Layouter die Anzeige selbst gestaltet, dies bietet sich gerade für kleinere Geschäfte ohne PR-Abteilung an. Dies bedeutet zwar zusätzliche Arbeit, kann aber bei entsprechender Mühe den Anzeigenkunden auch binden.

Anzeigenakquise

Nachdem alle Vorbereitungen getroffen sind, heißt es, Anzeigen zu suchen, zu akquirieren. Welche Anzeigen man allerdings haben will, bleibt jeder Redaktion selbst überlassen. In jedem Fall gehört ins Impressum ein Vermerk wie:

„Die Inserate ermöglichen uns den günstigen Verkaufspreis. Wir bitten deshalb um ihre Beachtung und weisen gleichzeitig darauf hin, dass der Inhalt der Anzeigen nicht unbedingt die Meinung der Redaktion wiedergibt."

Motivation der Anzeigenkunden

Generell muss man bei den Anzeigenkunden zwischen den Inserenten, die an der „Zielgruppe Schüler" – so der Sprachgebrauch der Werbefachleute – interessiert sind und den „good will"-Kunden unterscheiden, die der Zeitung etwas Gutes tun wollen. Die letztgenannten findet man meist durch persönliche Beziehungen, auch von Lehrern oder Eltern.

Darauf muss man sein Verhalten als Anzeigenwerber einrichten, was einem aber kein Kopfzerbrechen bereiten sollte, denn in beiden Fällen ist man in einer recht guten Position: die „good will"-Kunden inserieren sowieso, wenn man sich nicht ganz unmöglich anstellt, die anderen sollten die exklusive Werbemöglichkeit an Schulen, die ihnen Schülerzeitungen bieten, zu schätzen wissen.

Also: alle Geschäfte, Organisationen usw., die mit Jugendlichen in Kontakt kommen wollen, sind potentielle Anzeigenkunden – wie zum Beispiel Autohäuser, Banken, Druckereien, Fahrradläden, Fahrschulen, Freizeitparks, Kinos oder Krankenkassen.

Wege der Anzeigenakquise

Auf welche Weise man am ehesten zur Anzeige eines bestimmten potentiellen Werbekunden kommt, hängt von dessen Struktur ab, auf die man eingehen sollte. Im lokalen Bereich, aus dem man die meisten Anzeigen bekommen wird, kann man bei kleineren Geschäften, Organisationen usw. persönlich vorbeischauen. Größeren Firmen schickt man seine Unterlagen zu. Zur Vor- und Nachbereitung beider Methoden empfiehlt sich telefonischer Kontakt. Alle Verfahren eignen sich sowohl für die Neuwerbung von Anzeigenkunden wie auch für Dauerkunden und solche, die in der letzten Ausgabe inseriert haben. Natürlich muss man den Kunden auf diesen Umstand hinweisen.

Persönlicher Kontakt

Bei Kunden aus dem lokalen Bereich, bei denen man den Chef noch persönlich zu sprechen bekommt, und bei „good will"-Kunden, geht der Anzeigenleiter persönlich vorbei. Er oder sie sollte darauf drängen, mit dem Inhaber oder Geschäftsführer selbst zu sprechen. Diesem sollte man die mitgebrachten Ansichtsexemplare vorhergehender Ausgaben vorlegen und dann mit ihm den Anzeigenvertrag anhand eines Vordrucks direkt vor Ort erarbeiten. Wer meint, nicht genügend Ausdauer aufbringen zu können, alle in Frage kommenden Geschäfte so lange abzuklappern, bis er die richtigen Ansprechpartner erwischt hat und sich

Finanzen

dabei auch noch die ein oder andere Absage einfängt, kann natürlich auch dem persönlichen Kontakt ein Telefonat voranstellen, um grundsätzliches Interesse abzuklopfen und Termine zu vereinbaren.

Telefonakquise

Ob man für das persönliche Verkaufsgespräch beim Kunden vor Ort eine telefonische Terminvereinbarung machen sollte, hängt von seiner Größe ab. Bei kleinen Läden, bei denen der Inhaber hinter der Kasse steht und immer mal wieder Zeit hat, oder bei denen man den Chef persönlich kennt, ist das wohl nicht nötig. Je größer ein Laden ist und je mehr Trubel man vor Ort erwartet, desto sinnvoller ist ein Telefonat vorab. Unerlässlich ist der telefonische Vorkontakt bei größeren Firmen, Organisationen usw. Also ruft man die betreffende Firma oder Organisation an, lässt sich den Marketing- oder Werbeverantwortlichen geben (das kann der Geschäftsführer sein oder auch eine ganze Abteilung, die sich nur um solche Fragen kümmert) und schildert diesem kurz sein Anliegen. Ist er grundsätzlich interessiert, bietet man ihm an, ihm schriftliche Unterlagen zuzuschicken oder, wenn es schnell gehen soll und man die Möglichkeit dazu hat, auch zuzufaxen. Wichtig ist immer die genaue Adressierung an den Ansprechpartner, mit dem man gesprochen hat. Etwa ein bis zwei Wochen später ruft man dann die gleiche Person wieder an, erkundigt sich, ob die Unterlagen angekommen sind und den Informationsbedarf befriedigen konnten, und schreitet zum eigentlichen Vertragsabschluss.

Anzeigenvermittlung über die Jugendpresse Deutschland und adbrixx

Es gibt viele Unternehmen, die mit ihren Werbebotschaften ausschließlich Schüler erreichen wollen. Die Jugendpresse Deutschland und adbrixx haben deshalb eine Plattform entwickelt, über die sich

Einnahmen zum Zweiten

Schülerzeitungen einerseits anbieten und Werbepartner anderseits ihre Werbekampagnen planen, buchen und abwickeln können. Vermarktet auch ihr Werbeseiten eurer Schülerzeitung professionell und überregional über unsere Onlineplattform und verdient ohne großen Aufwand einen Zuschuss zu euren Druckkosten.

Viele hundert Schülerzeitungen aus ganz Deutschland lassen sich bereits über adbrixx erfolgreich vermarkten und profitieren von Anzeigenumsätzen aus regionalen und nationalen Werbekampagnen.

Der Vorteil: Dadurch, dass Werbepartnern gleich eine größere Anzahl an Schülerzeitungen vermittelt werden kann, wird das Medium Schülerzeitung auch für Werbekunden interessant, die sich sonst eher für ein auflagenstärkeres Medium entschieden hätten.

Weitere Infos zur Vermittlung und zur Anmeldung findet ihr auf

http://www.schuelerzeitung.de/anzeigen

Werbeetats

Es gibt da die Geschichte mit den Werbeetats größerer Firmen, die immer Ende des Jahres für das kommende Jahr geplant werden: je größer die Firma, desto früher. Wenn man bei einer Anfrage hört, dass der Werbeetat schon verplant sei – und sei es nur als Ausrede – so muss das Ziel des Anzeigenverantwortlichen sein, für die Schüler- oder Jugendzeitung im Werbeetat des nächsten Jahres einen festen Posten zu bekommen. Dafür sollte er versuchen, das Unternehmen vom Sinn einer Anzeige in einer Schüler- oder Jugendzeitung überzeugen. Nur so sind dann im nächsten Jahr die Mittel eingeplant. Es lohnt sich, in Erfahrung zu bringen, wann der geeignete Zeitpunkt

Finanzen

ist, dass dann hoffentlich für die Zeitung eingeplante Volumen „abzurufen". Firmen, die mit Werbeetats arbeiten, haben oft auch jemanden, der getrennt von der Marketingabteilung für Öffentlichkeitsarbeit (PR = public relations) und Sponsoring zuständig ist. Wenn also bei der Marketingabteilung partout nichts zu holen ist, ist dieser ein weiterer möglicher Ansprechpartner, der allerdings in die Sparte „Good will"-Kunde fallen würde.

Anzeigenauftrag

Hat man erst einmal jemanden gefunden, der willig ist, zu inserieren, so macht man mit ihm über seinen Anzeigenauftrag einen schriftlichen Anzeigenvertrag, in dem alle ausgehandelten Faktoren des Inserats schriftlich festgehalten werden. Im Anzeigenvertrag sollte auf die jeweils gültige Anzeigenpreisliste Bezug genommen werden. Außerdem gehören der ungefähre Erscheinungstermin für die nächste Ausgabe in den Anzeigenvertrag, das Anzeigenformat und besondere Vereinbarungen wie Rabatte und Aufschläge nebst ihrem Grund.

> Es sollte auf jeden Fall für jede Anzeige ein Anzeigenvertrag abgeschlossen werden.

Wird euch über adbrixx eine Anzeige vermittelt (s.o.), so findet ihr den entsprechenden Anzeigenauftrag unter dem Menüpunkt „Aufträge" in eurem adbrixx-Account. Diesen könnt ihr ausdrucken und z.B. für eure Auftragsbearbeitung verwenden.

Kleingedrucktes

Für die rechtzeitige Lieferung des Anzeigentextes bzw. einer einwandfreien Druckvorlage in der Größe des vereinbarten Werbeformats ist der Werbetreibende verantwortlich. Bei einem Anzeigen-Dauerauftrag wird die letzte veröffentlichte Anzeige für die folgende Ausgabe wieder verwendet, es sei denn, der Werbetreibende liefert bis spätestens zwei Wochen vor Redaktionsschluss eine neue, den vereinbarten

Bedingungen entsprechende Vorlage. Bei nicht mängel-
freier Erfüllung des Vertrags durch die Redaktion hat
der Werbetreibende Anrecht auf Minderung, wenn
er die Mängel binnen zwei Wochen nach Zugang des
Belegexemplars rügt. Dieses Anrecht bezieht sich auf
Anzeigen, die aufgrund einwandfreier, reprofähiger
Anzeigenvorlagen des Werbetreibenden abgedruckt
wurden und nicht auf solche, die im Auftrag des
Werbetreibenden von der Redaktion erstellt wurden,
sofern die Art der Gestaltung oder der Inhalt bemängelt
wird.

Einen Anzeigenvertrag müssen beide Seiten, d.h. der
Geschäftsmann und der Anzeigenleiter, unterschreiben.
Davon macht man zwei Kopien: Die eine erhält der
Kunde, die andere geht an den Layouter, denn der muss
sich ja darauf einstellen, welche Anzeigen kommen
und wie diese aussehen. Das Original bleibt auf jeden
Fall beim Anzeigenleiter.

Ausführung

Hat man genügend Anzeigenaufträge erhalten, um die
Zeitung zu finanzieren, so müssen nun – mit dem Druck
der Zeitung – die Anzeigenverträge erfüllt werden.
Bei der Montage sollte man beachten, dass Anzeigen
mit dem Wort „Anzeige" gekennzeichnet werden,
wenn nicht durch die Gestaltung und Platzierung der
Annonce zweifellos erkennbar ist, dass es sich um
eine Anzeige handelt. Dafür gibt es presserechtlichen
Bestimmungen und Vorschriften aus der Werbewirt-
schaft.

Ist der Druckauftrag ordentlich erfüllt, so werden
die ersten Hefte, die die Redaktion in Händen hält,
sofort als Belegexemplare zusammen mit den Anzei-
genrechnungen an die Werbekunden verschickt, denn
schließlich will man sein Geld ja auch so schnell wie
möglich erhalten.

> Ist die Zeitung gedruckt,
> sollten die ersten Hefte als
> Belegexemplare zusammen
> mit den Anzeigenrechnun-
> gen an die Werbekunden
> verschickt werden.

Finanzen

Sind bei der Ausführung eines Anzeigenauftrags irgendwelche Fehler aufgetreten, so legt man dem Anzeigenkunden am Besten gleich ein Schreiben bei, in dem man die Gründe der Fehlleistung erläutert und einen Lösungsvorschlag macht, ihm z.B. bei schuldhaftem Verhalten der Redaktion einen Preisnachlass anbietet.

Abrechnung

Zusammen mit den Belegexemplaren oder bei vereinbarter Vorauszahlung sogar schon früher, erhält der Kunde eine schriftliche Rechnung. Darauf sollte stehen,

- wer (die Redaktion oder der Anzeigenleiter als ihr Vertreter)
- wem (dem Kunden)
- wofür (eine Anzeige in der XX. Größe in der XX. Ausgabe der und der Zeitung...)
- wie viel berechnet.

Dabei sollten alle vereinbarten Rabatte und Aufschläge gesondert ausgewiesen werden. Dazu kommt ein Hinweis, dass der Rechnungsbetrag keine Mehrwertsteuer enthält. Letztlich wird noch eine Zahlungsfrist gesetzt, etwa „Der Endbetrag wird bei Rechnungseingang fällig". Nicht vergessen werden darf die vollständige Kontoverbindung des Schülermediums, auch wenn der Kunde zum wiederholten Mal eine Anzeige schaltet, hat er ja nicht immer die Kontodaten zur Hand.

Am besten nummeriert man die Rechnungen, um leichter festzustellen, welche Rechnungen schon beglichen wurden.

Am Besten schickt man dem Kunden eine nummerierte Rechnung. Anhand der Nummern, die sich der Anzeigenleiter natürlich aufschreiben muss, kann man leicht feststellen, welche Anzeigen schon bezahlt sind: so hat man immer den Überblick.

Einnahmen zum Zweiten

Diese Methode des Kassierens klingt zwar aufwendig und kompliziert, ist aber einfacher, als das Geld so einzusammeln und vermeidet Probleme, wie den Versuch von zwei Redakteuren durch Absprachefehler doppelt zu kassieren.

Wenn ihr eine Anzeige über adbrixx geschaltet habt, verfahrt ihr ganz ähnlich wie mit anderen Anzeigepartnern. Nach Veröffentlichung schickt ihr eine Rechnung und Belegexemplare (pro Kunde ein Exemplar plus eins für adbrixx) an adbrixx. Nachdem die Belegexemplare von euch und das Geld für die Anzeigen vom Anzeigenkunden bei uns eingegangen sind, wird euch eine Gutschrift auf das von euch angegebene Konto überwiesen.

Mahnwesen

Verstreicht die gesetzte Zahlungsfrist um etwa eine weitere Woche, die man dem Kunden zusätzlich Zeit lassen sollte, ohne dass Geld auf dem Konto der Redaktion eingeht, so schickt man dem betreffenden Kunden eine freundliche „Erinnerung". Dies muss nicht immer schriftlich erfolgen – bei persönlichem Kontakt empfiehlt es sich, mal wieder vorbeizuschauen. Erst dann sollte man einen freundlichen Brief aufsetzen in dem man auf die üblicherweise schlechte finanzielle Situation der Zeitung hinweist. Man sollte auch unterstreichen, wie sehr man auf das Geld angewiesen ist und dass die Zeitung einen gemeinnützigen Charakter innehat – schließlich braucht man das Geld ja nur, um entstandene Kosten zu decken und nicht als persönlichen Gewinn.

Falls es mit der Bezahlung der Anzeigen länger dauert, sollte man dem Anzeigenkunden eine Mahnung schicken.

Grundsätzlich ist festzustellen, dass der Anzeigenkunde durch den Anzeigenvertrag und die durch die Schülerzeitung erbrachte Leistung – den Abdruck der Anzeige – rechtlich verpflichtet ist, euch das Geld zu bezahlen. Natürlich erfordert es etwas Ausdauer, die

Finanzen

offene Summe alle 14 Tage anzumahnen und noch mehr Geduld, ein gerichtliches Mahnverfahren in die Wege zu leiten. Aber nur wenn Schüler- und Jugendzeitungen entschieden gegen solche schwarzen Schafe vorgehen, können Schüler- und Jugendzeitungen langfristige Planungssicherheit erhalten. Unterstützung bei solchen Verfahren könnt ihr von eurem Jugendpresseverband bekommen.

Minderung und Wandelung

Wenn der Kunde Gründe hat, nicht zahlen zu wollen, so wird er zwischenzeitlich auf den Anzeigenleiter zukommen und sie nennen. Grundsätzlich hat der Anzeigenkunde das Recht, einen angemessenen Teil des vereinbarten Betrags einzubehalten oder vom Vertrag zurückzutreten, wenn der Auftrag nicht termingerecht und fehlerfrei ausgeführt wurde; man nennt das Minderung oder Wandelung. Wandelung kommt dabei eigentlich nur in Betracht, wenn der versprochene Erscheinungstermin verstrichen, die Zeitung aber noch nicht erschienen ist. Dann kann der Kunde vom Vertrag zurücktreten. Wenn Minderung wegen mangelhafter Druckqualität bei einer einwandfreien Anzeigenvorlage verlangt wird, so kann man versuchen, sich den gewährten Abzug bei der Druckerei wiederzuholen – nämlich als Minderung beim Druckpreis. In jedem Fall sollte man bei berechtigt unzufriedenen Anzeigenkunden lieber kulant sein: Es ist allemal besser, jetzt auf einen Teil des Anzeigenpreises zu verzichten, als in Zukunft auf einen Werbekunden.

Inserentenkartei

Es ist sinnvoll, die Anzeigenkunden-Kontakte in einer Kartei zu sammeln und zu bewerten.

Jeder gute Anzeigenleiter legt sich eine Kartei oder Datei an, in der er die verschiedenen (auch potentiellen) Anzeigenkunden verwaltet, die Kontakte mit ihnen dokumentiert und sie bewertet. Mit einer solchen Kundendatei kann man bei Bedarf feststellen, bei welchen Anzeigenkunden man eine Annonce bekommen könnte oder welche man aufgrund alter offener Forderungen lieber meidet. Außerdem sollte man hier festhalten, wen man wann wieder anrufen soll, wie der Ansprechpartner heißt und was sonst noch hilfreich sein könnte. Diese Inserentendatei ist auch dann ein unbezahlbares Hilfsmittel, wenn ein anderes Redaktionsmitglied die Anzeigenleitung übernimmt.

Kleinanzeigen

Neben den „ordentlichen" Inseraten kann man in jeder Zeitung mit einem Kleinanzeigenteil, in dem eine Textannonce bis zu einer bestimmten Länge z.B. pauschal EUR 5,- kostet, Geld einnehmen.

Wie viel da pro Seite zusammenkommt, kann jeder leicht selbst ausrechnen. Man wird erstaunt sein, wie oft dieser Betrag im Vergleich zu den Preisen „ordentlicher" Inserate mithalten kann.

Zusammenfassung

In jeder Schüler- oder Jugendzeitung sollte das Verhältnis von Anzeigen zum Text auf keinen Fall höher als bei eins zu drei liegen – normal sind Text/Anzeigen-Verhältnisse von eins zu acht und mehr. Denn schließlich soll aus einer Schüler- oder Jugendzeitung kein Anzeigenblatt entstehen.

Einnahmen zum Dritten:
Was sonst noch möglich ist.

Zuschüsse und Spenden

Nicht vergessen sollte man Zuschüsse und Spenden, die Schülerzeitungen erhalten können, die stark von den örtlichen Gegebenheiten abhängen. Schülerzeitungen haben ein nicht besonders konkretes Recht auf Unterstützung durch die Schule in Form von Geräten und Materialien. Man kann aber vereinbaren, dass das

Finanzen

Büromaterial über die Schule beschafft wird und nicht bezahlt zu werden braucht oder dass die Redaktion das Telefon der Schule benutzen und ihre Briefe von der Schule frankieren lassen kann. Das gibt der Schule übrigens kein Recht, die Telefonate mitzuhören oder die Briefe zu lesen. Beides ist sogar verboten und wird, falls es zur Anzeige gebracht wird, hart bestraft.

> Neben der Schule können eventuell auch die Schülervertretung, der Elternbeirat oder ein Förderverein die Schülerzeitung finanziell oder materiell unterstützen.

Neben der Schule selbst gibt es in aller Regel auch noch die Schülervertretung, den Elternbeirat und einen Förderverein. Es lohnt sich, Kontakt dorthin aufzunehmen; all diese Vereinigungen können euch bei kleineren oder größeren Anschaffungen wie einem Computer, einem Drucker oder einer Kamera unterstützen.

Bei Jugendzeitungen von Verbänden oder Organisationen können ähnliche Möglichkeiten der Unterstützung bestehen; auf jeden Fall sollte man sich hier einmal genau erkundigen und nichts unversucht lassen.

Jenseits schulischer Zusammenhänge gibt es z.B. noch Stiftungen und die öffentliche Hand, die einen bei besonderen Vorhaben unterstützen können. So ist ein Redaktionswochenende mit gemeinsamer Übernachtung in einer Jugendherberge natürlich ein Seminar zur politischen Jugendbildung und könnte als solches sowohl auf kommunaler als auch auf Landesebene von den Jugendämtern gefördert werden. Welche Unterstützung z.B. das Stadt- oder Kreisjugendamt vor Ort sonst noch gewähren kann, erfährt man am besten bei einem persönlichen Gespräch.

Wenn man dort gesagt bekommt, eine Schülerzeitung sei eine Schulveranstaltung und deshalb nicht als Jugendarbeit förderungsfähig, ist das falsch: Schülerzeitungen sind seit einiger Zeit unabhängig von der

Einnahmen zum Dritten

Schule. Dies steht so auch in den Schulgesetzen der meisten Bundesländer.

Promoartikel und Sonstiges

Der Verkauf von Promoartikeln wie T-Shirts, Tragetaschen oder Aufklebern, aber auch von Schüler- kalendern, Postern oder Technik bindet das Interesse. Das alles ist natürlich mit einem gewissen unterneh- merischen Risiko verbunden und bewegt sich rechtlich in einer Grauzone, aber zumindest die Aufkleber mit dem Motiv der Schule haben sich schon zum Verkaufs- schlager entwickelt...

Viele Schülerzeitungen lassen sich auch noch andere Möglichkeiten zum Geldverdienen einfallen: So kann man eine Schülerzeitungsparty oder andere kulturelle Veranstaltungen durchführen. Sehr beliebt ist auch der Verkauf von gespendetem Kuchen in der großen Pause, um ein gewisses Grundkapital zu erhalten.

Ausgefallenere Möglichkeiten sind das von der Schülerzeitung organisierte Verschicken von Schoko- Osterhasen oder -Nikoläusen oder Rosen zum Valentinstag. Jeder Schüler kann gegen einen Beitrag eine von euch gestaltete Karte mit Grüßen an einen anderen Schüler (mit Angabe der Klasse!) bei euch abgeben. Diese Karten befestigt ihr dann z.B. an den Osterhasen und verteilt sie zu einem bestimmten Termin an die entsprechenden Personen. Das sorgt ganz sicher für Aufmerksamkeit, Gesprächsstoff und Einnahmen für eure Kasse.

> Kreativ sein. Es gibt viele Ideen und Aktionen mit denen die Schülerzeitungen zu Geld kommen können.

Zwei Kleinigkeiten sollten bei all diesen Aktionen nicht vergessen werden: Zum einen solltet ihr die Erlaubnis der Schulleitung einholen, wenn eure Aktion auf dem Schulgelände stattfindet. Zum anderen solltet ihr natürlich in eurer nächsten Ausgabe auch darüber berichten und einige Fotos davon abdrucken.

113

Foto: Jona Hölderle/www.jugendfotos.de

Online-SZ

Eine Schülerzeitung muss nicht nur gedruckt erscheinen. Auch online kann ein Mehrwert für die Leser und die Zeitung geschaffen werden.

Egal ob es die Englischhausaufgaben, der Chatfreund oder der Musikdownload ist, das Internet nutzt heutzutage jeder Schüler. Darum ist es natürlich sinnvoll als Schülerzeitungsmacher ebenfalls mit dem Lauf der Zeit zu gehen und sich an das Medium zu wagen. Ihr könnt natürlich einfach nur eure Printausgabe online stellen, aber auch ein erweitertes Medium anbieten. Vielleicht habt ihr dann gar keine Lust mehr auf das schnöde Zeitungspapier und konzentriert euch voll und ganz auf das Internet.

Papier kontra Internet

Warum Papier?

- für jeden jederzeit gut zugänglich (keine technischen Voraussetzungen notwendig)

- gute Lesbarkeit aufgrund der Papierwahl, Schriftart und Schriftgröße gewährleistet
- besser argumentierbar gegenüber Anzeigenkunden und Sponsoren
- verkaufte Auflage entspricht in etwa der Anzahl der Leser
- zu den Anzeigen- und Sponsorengeldern kommen zusätzlich die Verkaufserlöse
- an jedem Ort verwendbar, nicht an festen Standort gebunden
- durch weit auseinanderliegende Erscheinungstermine intensivere und gründlichere Recherchearbeit

Warum Internet?

- Einsparung der Papier- und Druckkosten
- bei regelmäßiger Aktualisierung schneller Zugang zu aktuellen Themen
- Interaktionsmöglichkeiten der Leser direkter und schneller möglich (Umfragen, Kontaktformular usw.)
- Serviceangebot kann aufgrund von unbeschränkter Seitenzahl erweitert werden (Vertretungsplan u.ä.)
- Verbreitung nicht mehr durch Schule begrenzt (kann überall auf der Welt gelesen werden)
- Verknüpfung zu Grafiken, Audio- oder Video-Files
- Feedback schneller und einfacher möglich

Gründung einer Online-Zeitung

Ihr braucht:

Menschen...

Neben der gedruckten Schülerzeitung hat natürlich die Onlinezeitung viele Vorteile, die jedoch nur mit genügend Leuten umgesetzt werden können. Am besten sammelt ihr, bevor ihr richtig mit der Planung loslegt, ein paar interessierte Klassen- und Schulkameraden, damit ihr gemeinsam ein Konzept ausarbeiten könnt. Über Aushänge und Flyer besteht natürlich die Möglichkeit zusätzliche Mitstreiter zu gewinnen. Sinnvoll ist es aber auch, Leute direkt anzusprechen. Ihr kennt jemanden, der gern fotografiert, layoutet oder schreibt? Dann einfach in der Pause auf ihn zugehen und von eurer Idee erzählen.

Webspace...

Ihr könnt natürlich den Speicherplatz von den zahlreichen Gratisanbietern aus dem Netz nutzen. Hier solltet ihr einfach nur aufpassen und euch vorher genau informieren. Ein großer Nachteil des kostenlosen Angebots ist, dass ihr zum einen keine eigene Domain habt und zum anderen eure Seite mit Werbung überschüttet werden kann. Überall nur Banner und Popups verschrecken natürlich den User.

Öffentlichkeitsarbeit...

Wenn ihr erst frisch online seid, braucht ihr neben interessanten Informationen natürlich auch Leser. Daher ist es unbedingt notwendig im Vorfeld die Schule auf eure Internetseite aufmerksam zu machen. Am besten ist ein Artikel in der Schülerzeitung. Aber auch Plakate und Flyer können hilfreich sein, um auf eure Seite neugierig zu machen. Vergesst aber nicht die Internetadresse (URL = Uniform Request Locater) bekannt zu geben.

und...?

*   natürlich einen Web-Editor (Programm für die Seitengestaltung)
*   Texte, Fotos und Grafiken für den Inhalt der Seite (als Grundlage dient hier natürlich die gedruckte

Schülerzeitung)

- einen Transporter (FTP-Programm, um die fertigen Netzseiten über den Server ins Internet zu stellen)

Organisationsformen

Ressortleitermodell

Wie in einer richtigen Tageszeitung gibt es für jedes Ressort einen verantwortlichen Leiter, so kann jeder nach seinen Fähigkeiten eingesetzt werden. Einer kümmert sich um die News, ein anderer um Sporter-eignisse. Dadurch hat nicht ein Einzelner alle Aufgaben in seiner Verantwortung, sondern jeder nur einen Teil. Jeder Projektleiter hat zudem noch seine Redakteure und Mitarbeiter, die ihm bei seiner jeweiligen Rubrik unterstützen. Die Ressortleiter zusammen bilden dann das sogenannte Kernteam, da sie untereinander das Design und gewisse Standards für den Onlineauftritt festlegen. Neben den Teamtreffen sollten die Ressort-leiter ständigen Kontakt zueinander haben, damit sie sich gegenseitig über Neuigkeiten informieren können und natürlich bei Fehlern schneller eingreifen können. Sinnvoll sind extra eingerichtete Mailverteiler sowie Messenger (beispielsweise ICQ, Skype oder MSN)

> Hier gibt es es für jedes Ressort einen verantwortli-chen Leiter.

Durch dieses Modell entsteht automatisch eine Hierarchie. Die Ressortleiter als Verantwortliche und die Redakteure und Fotografen als Mitarbeiter. Durch die genaue inhaltliche Aufteilung sind die Zuständig-keiten genau geklärt. Ein weiterer Vorteil ist, dass neben der thematischen Teilung eine Arbeitsgliederung entsteht, so dass nie einer allein alles machen muss. Dadurch ist der Aufwand für jeden einzelnen geringer. Falls ein Ressortleiter ausfällt, kann immer ein anderer einspringen, da - durch die ständige Kommunikation - jeder gut über das andere Ressort Bescheid weiß.

Online-SZ

Natürlich muss man für die Umsetzung dieses Modells mehrere gute Leute haben, die Fähigkeiten und Lust haben, als Ressortleiter zu arbeiten. Bricht die Kommunikation einmal ab, ist das Konzept gefährdet, daher müssen sich alle der Verantwortung, die sie mit diesem Posten eingehen, bewusst sein.

Das Ressortleitermodell eignet sich besonders, wenn man den Onlineauftritt der Schülerzeitung gegenüber der gedruckten Form ausbauen will bzw. komplett ablösen möchte, da sich hier viele Erweiterungsmöglichkeiten anbieten.

Webmaster- oder Präsentationsmodell

Hier konzentriert sich die Arbeit und Hauptverantwortlichkeit auf eine Person: den Webmaster. Er ist für die Pflege und das Einarbeiten der Beiträge zuständig. Die einzelnen Redakteure arbeiten ihm die Beiträge zu. Der Hauptverantwortliche ist somit der Einzige, der sich mit Webdesign, HTML, PHP, JavaSript usw. Programmierung auskennt. Die anderen Mitarbeiter arbeiten ihm einfach nur die Texte zu.

Die Hauptarbeit und -verantwortung liegt hier bei einer Person.

Ein großer Nachteil dieses Modells ist natürlich, dass bei plötzlicher Krankheit oder Urlaub des Webmasters die Internetseite zum Erliegen kommt. Der Webmaster, als einziger mit der Hauptverantwortung, kann schnell überlastet sein. Sinnvoll ist es daher, dass sich dieser noch einen Assistenten sucht, den er in seinen Aufgabenbereich einarbeitet und der zur Not auch bei Ausfall einspringen kann.

Das Webmastermodell lässt aufgrund der hohen Anforderungen an den Verantwortlichen eigentlich nur zu, dass die gedruckte Schülerzeitung eins zu eins in das Internet gestellt wird, sonst würde sich der Webmaster gnadenlos überarbeiten. Als einzige Ergänzung zur Printform ist denkbar, dass bei Interviews und Artikeln die ursprüngliche Länge online gestellt wird und nicht die gekürzte Form der Printausgabe. Für Extra-Artikel oder Zusatzinformationen bietet dieses Modell ebenso Raum.

Internet-AG-Modell

Genau wie die AG Theater, Darstellendes-Spiel oder Video wird die AG Internet von einem Lehrer geleitet. Er übernimmt die gesamte Koordination und Planung. Damit entfällt für den Einzelnen natürlich die Verantwortung und man kann zudem noch Pluspunkte bei dem entsprechenden Lehrer sammeln. Natürlich erfährt bei diesem Modell eure Seite eine höhere Akzeptanz vor allem im Kollegium, als wenn ihr das Ganze in Eigenregie übernehmt, aber ihr habt natürlich auch selber weniger Spielraum. Der Lehrer wird derjenige sein, der die inhaltliche Richtlinie vorgibt. Es kann auch durchaus passieren, dass dadurch aus eurer ursprünglich geplanten Online-Schülerzeitung ein Online-Schulauftritt wird, da meist das Ziel ist, die Schule online zu präsentieren. Ein weiterer kritischer Punkt ist natürlich die Zensur, die durch den Lehrer passieren kann. Wenn er einen Artikel nicht möchte, wird er nicht veröffentlicht.

> Die AG wird von einem Lehrer geleitet, der die Koordination und Planung übernimmt.

Am besten ihr sprecht alle Richtlinien vor Beginn der Arbeit ab und fertigt notfalls einen Vertrag an. Redet auch mit dem Lehrer. Euer Ziel sollte nach wie vor sein, eigene Ideen und Vorschläge einzubringen. Wenn der Lehrer darauf nicht eingehen will, solltet ihr von diesem Modell eher Abstand nehmen.

Finanzierung

Die Finanzierung einer Internetseite ist gegenüber einer gedruckten Schülerzeitung ein wenig schwieriger. Bei Onlinezeitungen können genauso Werbepartner gefunden werden, jedoch gibt es hier ein paar Besonderheiten.

Online-SZ

Ein Hauptsponsor

Versucht einen Partner aus eurer Stadt zu finden, der euch die gesamten Kosten für den Internetauftritt finanziert. Im Gegenzug wird das Logo (inkl. Verlinkung) auf der Startseite und allen weiteren Unterseiten optisch gut positioniert. Ihr solltet trotzdem aufpassen, dass ihr euch nicht vollkommen an den Unterstützer „verkauft". Bei redaktionellen Beiträgen über den Sponsor solltet ihr nicht zu unkritisch sein, da ihr sonst schnell unglaubwürdig werdet.

> **Tipps für Hauptsponsoren:**
> Diskotheken, Computerläden, Schreibwarengeschäfte, Fahrschulen...

Bannerwerbung

Genau wie beim Anzeigenverkauf versucht ihr Werbeplätze auf der Internetseite anzubieten. Sprecht vorher mit eurem Webdesigner, welche Größen und welche Positionen machbar sind. Am besten erarbeitet ihre eine Preisliste und zeigt dem Kunden einen Screenshot. Erklärt dem Kunden, wer eure Seite nutzt, wie oft sie aktualisiert wird und was seine Vorteile sind (Verlinkung, direkter Zielgruppenkontakt. Passt aber auf, dass weder jugendgefährdende Werbung wie für Tabak, Alkohol oder Glücksspiel dabei ist. Und natürlich solltet ihr auch nicht übereifrig eure ganze Seite mit Werbung vergeben, da das die Leser abschrecken könnte.

> **Tipps für Onlinewerbekunden:**
> - Fahrschulen
> - Reisebüros
> - Buchläden
> - Telefonläden
> - Cafes...

Anzeigenwerbung plus Banner

Wenn ihr noch eine gedruckte Schülerzeitung habt, braucht ihr euren Anzeigenkunden einfach nur zu der üblichen Anzeige die Bannerwerbung anbieten. So könnt ihr zwei Fliegen mit einer Klappe schlagen und bindet zusätzlich eure Partner an euch.

> **Tipp:**
> Da sich im Internet sehr vieles verändert, können wir hier leider nicht auf das Web 2.0 eingehen, da Hinweise hierüber schon in einem halben Jahr in diesem Buch veraltet sein könnten. Deshalb kannst du zur Ergänzung das Kapitel Online-SZ online unter http://www.schuelerzeitung.de/handbuch nachlesen.

Rechtliches

Die immense Verantwortung der Presse zeigt sich in dem großen Vertrauen, das wir in sie setzen. Presse, oder aktueller gesagt, Medien, sind wichtig für uns alle. Warum?

Weil sie der öffentlichen Debatte dienen und dadurch dazu beitragen, dem, was die Politik das „Gemeinwohl" nennt, näher zu kommen, Kontrolle ausüben und aufpassen, dass niemand Macht, politisch oder wirtschaftlich, missbraucht. Demokratie, Freiheit, Rechtstaatlichkeit sind Werte, die von den Medien bewahrt und verteidigt werden. Deshalb sind Medien wichtig, deshalb muss ihnen Schutz gewährt werden.

Doch was, wenn Medien zu viel Einfluss bekommen? Schließlich können sie selbst viel Macht haben, können Meinungsmacht aufbauen, können so Entscheidungen zu eigenen Gunsten beeinflussen. Deshalb darf die Macht der Medien nicht unbeschränkt sein und muss kontrolliert sowie Regeln unterworfen werden, die das Gleichgewicht der Macht wiederherstellen.

Das Grundgesetz

Diese Gesetze schützen einerseits die Medien vor Einflussnahme oder Restriktion anderer Interessengruppen und andererseits jeden einzelnen vor den Medien. Das ist das Gleichgewicht zweier Menschenrechte: die Meinungs- und Pressefreiheit und das Persönlichkeitsrecht.

Im Folgenden stellen wir die beiden wichtigsten Grundlagen des Presserechts vor: das Grundgesetz und die Landespressegesetze.

Das Grundgesetz

1. Verfassungsrechtliche Aspekte: Meinungs- und Pressefreiheit im Grundgesetz. Diese Menschenrechte sind verfassungsmäßig im Grundgesetz verbrieft. Dort heißt es über die Meinungs- und Pressefreiheit:

Artikel 5 - Meinungs-, Informations-, Pressefreiheit; Kunst und Wissenschaft

(1) Jeder hat das Recht, seine Meinung in Wort, Schrift und Bild frei zu äußern und zu verbreiten und sich aus allgemein zugänglichen Quellen ungehindert zu unterrichten. Die Pressefreiheit und die Freiheit der Berichterstattung durch Rundfunk und Film werden gewährleistet. Eine Zensur findet nicht statt.(2) Diese Rechte finden ihre Schranken in den Vorschriften der allgemeinen Gesetze, den gesetzlichen Bestimmungen zum Schutze der Jugend und dem Recht der persönlichen Ehre. [...]

Das Grundgesetz nennt in Artikel 5 zunächst drei wesentliche Freiheiten: Meinungs- und Pressefreiheit sowie Freiheit der Berichterstattung durch Rundfunk und Film. Nachfolgend möchten wir auf diese drei Freiheiten zunächst im einzelnen eingehen, wobei eine Unterscheidung zwischen Meinungsfreiheit, Pressefreiheit und der Freiheit des Rundfunks für das Grundgesetz rein theoretisch ist, da sie im Grunde die

Rechtliches

gleichen Schutzrechte genießen und sich den gleichen Einschränkung gegenübersehen.

Meinungsfreiheit

Als Meinung sind alle wertenden Äußerungen, geschrieben und gesprochen, anzusehen – egal, ob sie rational oder emotional begründet werden. Keinen Schutz genießen Tatsachenbehauptungen, da sie nicht zur Meinungsbildung beitragen, jedoch sind Tatsachen Voraussetzungen zur Meinungsbildung und oft ist zwischen Meinung und Tatsache keine scharfe Trennung möglich.

Man kann die Meinungsfreiheit in zwei aufeinander aufbauende Bereiche zerlegen: Zum einen ist Meinungsfreiheit natürlich die Freiheit, eine Meinung zu haben. Damit ist nicht nur die Freiheit gemeint, (k)eine Meinung zu haben, sondern auch der Schutz dieser Meinung vor Druck oder Einflussnahme durch den Staat.

Doch ist mit dem Recht auf freie Meinungsäußerung nicht nur ein Schutz vor dem Staat verbunden, sondern auch ein Anspruch, meine Meinung ungehindert zu äußern.

Pressefreiheit

Was bedeutet die Freiheit der Presse?

Mit der Presse weit mehr gemeint, als man im alltäglichen Sprachgebrauch darunter versteht. Presse muss durch Vervielfältigung hergestellt werden, wobei das verwendete Verfahren keine Rolle spielt und für ein breites Publikum bestimmt ist. Das schließt neben Zeitungen und Zeitschriften auch CDs, DVDs und CD-ROMs ein. Wie oft ein Werk erscheint spielt keine Rolle. Demnach sind auch einmalig erscheinende Erzeugnisse wie Bücher und Flugblätter unter den Begriff Presse einzuordnen. Ebenfalls irrelevant ist der Inhalt. Zwar muss er einen geistigen Sinngehalt haben, dieser hat jedoch erst einmal keine weiteren Kriterien wie beispielsweise Wahrheit, Logik oder öffentliches Interesse zu erfüllen. Somit fallen auch Sensationspresse und Werbeprospekte unter den Pressebegriff. Aus dem Gebot der Vervielfältigung ergibt sich die Notwendigkeit der Verkörperung, d.h. man muss Presse anfassen können. Demzufolge sind zum Beispiel der Videotext- genauso wie Rundfunk und Fernsehen keine Presse im Sinne des Grundgesetzes.

Die Freiheit der Presse meint zunächst nicht nur das Recht zur freien Verbreitung von Tatsachen, sondern auch die Unabhängigkeit der Berichterstattung. Wiederum ist sie nicht nur ein Schutzrecht vor dem Staat (zum Beispiel: Freiheit vom Zwang zur Veröffentlichung bestimmter Behauptungen), sondern impliziert ebenfalls einen Schutz der Freiheit der Presse, analog zur Meinungsfreiheit zunächst einmal vor Dritten, aber auch vor einem Meinungsmonopol, d.h. einer wirtschaftlichen Monopolbildung im Mediensektor, das die freie Berichterstattung ebenfalls gefährden würde.

Neben diesen Rechten ist aber auch die Pflicht der Presse zur Wahrheit gemeint, d.h. vor der Verbreitung besteht die Pflicht zur Prüfung der veröffentlichten Behauptung, jedoch hat diese Pflicht ihre Schranken in der praktischen Handhabung, aber besonders die ungeprüfte Veröffentlichung oder die bewusste Verbreitung von Unwahrheiten ist der Presse nicht gestattet.

Freiheit des Rundfunks und des Films

Zwar werden Rundfunk und Film nicht als Presse angesehen, jedoch neben der Presse explizit erwähnt. Damit wird die besondere Stellung von Rundfunk und Film neben der Presse betont - keinesfalls ergibt sich

Rechtliches

daraus eine Schwächung derselben. Außer dem abwehrenden Schutzrecht vor dem Staat kommt im Bereich des Rundfunks besonders die Pflicht des Staates zur Erhaltung einer Vielfalt der Meinung („Meinungsmarkt") zum Tragen. Da der Rundfunk durch die physikalische Beschränkung der Frequenzen und damit einhergehend einer geringeren Anzahl möglicher Sender und die immensen Kosten einer geringeren Vielfalt unterliegt – im Vergleich zum Printbereich – kommt dem Staat eine besondere Verantwortung zu, der er mit den öffentlich-rechtlichen Angeboten gerecht werden soll. Die in der Öffentlichkeit aufgrund der Rundfunkgebühren umstrittenen öffentlich-rechtlichen Anstalten sorgen mit einer (vom Gesetz vorgegebenen und damit der Kontrolle der Regierung entzogenen) gesellschaftlich ausgewogenen Zusammensetzung der Organe für einen gewissen Meinungspluralismus. So soll gewährleistet werden, dass jede gesellschaftliche Gruppierung mit ihrer Meinung auch im Radio und Fernsehen vertreten ist und hier kein Meinungsmonopol privater, unter Umständen von einem oder wenigen Großaktionären kontrollierter Sender entsteht.

Zensurverbot

Es besteht Zensurverbot. Doch was genau ist damit gemeint?

Unter Zensur ist die staatliche Überwachung bzw. Unterdrückung einer Veröffentlichung zu verstehen. Das Zensurverbot besagt, dass die Veröffentlichung einer Publikation nicht von einer staatlichen Überprüfung abhängig gemacht werden darf, beispielsweise einer vorherigen behördlichen Genehmigung. Jedoch ist das Zensurverbot kein Grundrecht, sondern lediglich eine Schranke gegen staatliche Eingriffe und daher besteht kein Schutzanspruch gegenüber Dritten (zum Beispiel: Privatschulen), wie es sich aus den Grundrechten ergibt.

Dennoch ist ein gewisser Schutzanspruch vor Zensur auch gegenüber Dritten vorhanden, der sich aus den Grundrechten der Meinungs- und Pressefreiheit herleiten lässt, die den Staat zum Schutz gegenüber Dritten verpflichten. Im Sonderfall der Privatschulen muss bei der Abwägung jedoch die in Artikel 7 des Grundgesetzes verankerte Privatschulfreiheit berücksichtigt werden, was eine Beurteilung zusätzlich erschwert.

Geltung

Aber für wen gelten eigentlich diese Freiheiten? Sie sind allesamt Grundrechte und stehen jeder natürlichen Person (In- und Ausländer) und allen deutschen juristischen Personen (Unternehmen, Vereine) im Geltungsbereich des Grundgesetzes (d.h. in Deutschland sowie auf dem Gelände Ständiger Vertretungen) zu. Allerdings können diese Grundrechte, wenn sie im Kampf gegen die freiheitlich-demokratische Grundordnung verwendet werden, vom Bundesverfassungsgericht entzogen werden. Dies ist bis heute noch nie geschehen.

Keine Träger von Grundrechten sind Personen des öffentlichen Rechts, also der Bund, die Länder und die Kommunen, nicht jedoch die öffentlich-rechtlichen Kirchen. Hieraus ergibt sich beispielsweise, dass öffentliche Schulen sich nicht auf die Pressefreiheit berufen können. Da die Bildungseinrichtungen selbst als nicht-rechtsfähige Anstalten des öffentlichen Rechts nicht rechtsfähig sind und damit der Träger der Schule, meist der Landkreis oder die Kommune, als Herausgeber der Publikation agiert, besteht kein Grundrechtsanspruch.

Bezüglich der räumlichen Geltung lässt sich aus dem Grundgesetz kein Recht zum Vertrieb auf staatlichen oder fremden privaten Grundstücken herleiten. Auch ist die Erfordernis einer Betriebserlaubnis keine Beeinträchtigung der Pressefreiheit. Ausnahmen sind hierbei

Rechtliches

für Schülerzeitungen zu machen, da diese sich bestimmungsgemäß an die Schüler einer Schule richten und so im Falle eines grundsätzlichen Verkaufsverbots die Pressefreiheit beeinträchtigt wäre. Daraus lässt sich ein besonderer Schutz dieser Verlaufssphäre ableiten, was die erhöhten Hürden eines Vertriebsverbotes auf dem Schulgelände erklärt.

Einschränkung der Grundrechte

Die gewährten Freiheiten der Meinung, der Presse, des Rundfunks und des Films finden ihre Schranken in allgemeinen Gesetzen, dem Schutz der Jugend und der persönlichen Ehre. Drei Kriterien zur Schrankensetzung sind genannt:

Die Einschränkung durch allgemeine Gesetze bedeutet, dass eine Meinung nicht einfach so und als solche verboten werden kann, sondern nur in Abwägung gegen ein höheres Gut, also zum Beispiel zum Schutz des Lebens, der Persönlichkeit, der öffentlichen Sicherheit oder des Eigentums. Eine Einschränkung darf also nicht „einfach so" erfolgen, sondern muss sich ihrerseits grundrechtlich begründen lassen und ist stets Folge einer Abwägung, welches Grundrecht überwiegt. So zählt das Leben oder der Schutz von Kindern vor exzessiven Gewaltdarstellungen beispielsweise mehr als die Pressefreiheit.

Besondere Erwähnung findet der Schutz der Jugend, der ebenfalls grundrechtlich verankert ist. Gemeint ist besonders der Schutz von Kindern und Jugendlichen vor Gewalttätigkeit, Verbrechen oder Rassismus schürenden Schriften.

Ebenfalls explizit erwähnt wird das Recht der persönlichen Ehre. Die Ehre ist Bestandteil der Menschenwürde und deren Schutz genießt einen höheren Stellenwert als die Presse- und Meinungsfreiheit. Damit fallen

Beleidigung oder üble Nachrede nicht mehr unter den Schutz der Verfassung, sondern können unter Strafe gestellt werden.

Aus diesen Möglichkeiten zur Einschränkung von Meinungs- und Pressefreiheit ergeben sich konkrete Folgen für Journalisten, die aufgrund einer Veröffentlichung bestimmter Tatsachen, auch wenn sie wahr sind, per Gesetz sanktioniert werden können. Oft ist eine rechtliche Beurteilung nicht eindeutig.

Zusammenfassung

Meinungsfreiheit ist die Freiheit, Meinungen zu haben und diese zu äußern. Dies genießt nicht nur Schutz vor dem Staat, sondern wird von ihm aktiv geschützt. Gleiches gilt für die Presse sowie Rundfunk und Fernsehen, wobei hier neben der Äußerung von Meinungen eher der Schutz der Verbreitung von Tatsachen im Blickfeld liegt. Neben dem Schutz vor Unterdrückung durch den Staat bedeutet das die Pflicht des Staates, dies aktiv zu ermöglichen. Das gilt für alle Menschen, die in Deutschland leben, sowie u.a. allen deutschen Firmen, Vereinen, Kirchen und Parteien.

Dennoch darf man nicht alles unter Berufung auf diese Freiheiten veröffentlichen, sondern muss gewisse Schranken beachten, die sich allesamt auf die Grundrechte berufen müssen und nicht gegen eine bestimmte Meinung gerichtet sein dürfen.

Materielle Inhalte des Verfassungsrechts

Der Schutz, den das Grundgesetz bietet, richtet sich nicht nur auf das Presseerzeugnis an sich, sondern auch auf die Tätigkeit, die zu inhaltlicher Erstellung notwendig ist. Zwar schließt die Pressefreiheit grundsätzlich nur die Verbreitung von Tatsachen, nicht die von Meinungen ein. Diese wird indes durch die Meinungsfreiheit abgedeckt, so dass sich für die gesamte Tätigkeit der Presse, für die Vorbereitung zur Verbreitung (Beschaffung von Informationen) wie für

Rechtliches

die Verbreitung an sich und zwar sowohl von Tatsachen als auch von Meinungen ein Schutzbedürfnis aus der Verfassung ergibt.

Auskunftspflicht

Neben der Informationsfreiheit, die jedem das Recht einräumt, sich aus frei zugänglichen Quellen zu informieren, schließt dieses Schutzbedürfnis aber auch darüber hinausgehend eine Auskunftspflicht des Staates gegenüber der Presse ein. Dieser ist mit der Rolle der Presse am Meinungsbildungsprozess, ihrer Kontrollfunktion und damit ihrer Rolle zur Ausübung der Souveränität des Volkes zu begründen, wobei sich für den Staat eine Pflicht zur aktiven Unterstützung ergibt.

Informantenschutz

Die Kontrollfunktion der Presse macht es notwendig, dass die Presse die Möglichkeit hat, die Quelle einer Information zu schützen – insbesondere dann, wenn bei Bekanntwerden der Weitergabe von Informationen durch eine Person eben jene Schaden davontragen würde. So kann dennoch die Wahrheit veröffentlicht werden. Grundlage des Informationsschutzes ist das schutzwürdige Vertrauensverhältnis zwischen Journalist und Informant.

Der Informationsschutz geht einher mit einem Durchsuchungs- sowie Beschlagnahmeverbot. Jedoch beschränkt es sich, und damit auch die aufgeführten Verbote, auf die Identität von Informanten und die von ihnen erlangten Informationen und klammert selbst recherchierte und bereits veröffentlichte Informationen aus.

Redaktionsgeheimnis

Das Durchsuchungs- und Beschlagnahmeverbot zieht den Schutz der Redaktionstätigkeit nach sich. Diese wendet sich jedoch noch nur gegen den Staat, sondern auch gegen private Dritte, die rechtswidrig in den Redaktionsraum eindringen, auch wenn sie zur eigenen Informationsbeschaffung handeln.

Illegale Informationsbeschaffung

Die Verbreitung von illegal beschafften Informationen unterliegt dem Schutz der Pressefreiheit, wobei hierbei die allgemeinen Gesetze beachtet werden müssen. Das illegale Beschaffen der Information an sich kann grundsätzlich nicht mit der Pressefreiheit gerechtfertigt werden und unterliegt somit keinem grundrechtlichen Schutz.

Verkauf und Vertrieb

Schutz als Teil der Pressearbeit genießen ebenfalls der Verkauf und der Vertrieb von Presseerzeugnissen samt des dazu notwendigen Personals. Allerdings lässt sich nicht eine grundsätzliche Erlaubnis zum Verkauf auf jedermanns Grund und Boden ableiten. Ausnahme hiervon ist die Schülerzeitung, bei der ein Vertriebsverbot auf dem Schulgelände grundsätzlich eine Beeinträchtigung der Pressefreiheit darstellt und daher nicht zulässig ist. Ausnahmen hiervon macht jedoch das Schulrecht einiger Länder.

Inhaltliche Konflikte

In der Realität prallen oft inhaltliche Ansichten aufeinander. Als Konfliktparteien können hierbei Verleger und die Redaktion bzw. einzelne Mitglieder der Redaktion auftreten. Grundsätzlich hat der Verleger das Recht, die Tendenz seiner Publikation zu bestimmten. Dies ergibt sich aus seiner Meinungs- und Pressefreiheit.

Diese steht aber unter Umständen im Konflikt mit der Meinungs- bzw. Pressefreiheit einzelner Redakteure. Diese Grundrechtskollision kann nicht allein auf Basis der Grundrechte aufgelöst werden, sodass

Rechtliches

arbeitsrechtliche Komponenten Berücksichtigung finden müssen.

Daher steht dem Verleger neben dem Tendenzbe-stimmungsrecht auch das Recht zu, die Richtlinien vorzugeben, wobei er dieses Recht auch seinen leitenden Angestellten weitergeben kann. Der Redakteur entscheidet über Details des Inhalts.

Wirtschaftliche Zusammenhänge

Da Pressefreiheit ein Grundrecht ist, verbietet sich eine Zugangsberechtigung in Form von bestimmten Ausbil-dungserfordernissen oder auch eine Beschränkung des Zugangs zum Markt in Form von beispielsweise staatlichen Verboten zur Gründung. Unberührt hierbei bleiben jedoch betriebsrechtliche Vorgaben für Unter-nehmen.

Landespresserecht

a. Pressefreiheit im Landesrecht

Aufgrund der Verteilung der gesetzgeberischen Kompetenzen darf man sich bei der Beurteilung des Presserechts nicht nur auf die Verfassung beschränken, sondern muss auch die einzelnen Landesverfassungen, Landespressegesetze und, soweit vorhanden, Durchfüh-rungsbestimmungen berücksichtigen. Da Presserecht von den einzelnen Bundesländern gemacht wird, gibt es von Bundesland zu Bundesland Unterschiede. Hier soll nicht auf jedes Bundesland im Detail, sondern eher auf das Landespresserecht im Allgemeinen einge-gangen werden. Größere Unterschiede sind besonders für Bayern, Hessen sowie das Saarland festzustellen.

Fortbestand der Grundrechte

Die in der Verfassung garantierten Grundrechte dürfen weder von Landesverfassungen noch von anderem Landesrecht eingeschränkt werden, als das

Grundgesetz selbst dies in Artikel 5 II zulässt. Dies ergibt sich aus dem Vorrang des Bundesrechts.

Pressebegriff im Landesrecht

Bei vielen Landespressegesetzen lässt sich feststellen, dass der verfassungsrechtliche Pressebegriff sehr weit fasst. Vielmehr werden verschiedene Kriterien auferlegt, die die Presse einhalten muss, wie zum Beispiel eine periodische Erscheinungsweise. Der eingeschränkte Pressebegriff bedeutet aber keine Beschneidung der Grundrechte für dieses Bundesland, sondern definiert lediglich, für wen das Landespressegesetz mit seinen Vorschriften gelten soll.

b. Materielle Inhalte des Landespresserechts

Neben dem eher abstrakten verfassungsrechtlichen Aspekt widmet sich das Landesrecht der konkreten Normierung im Presserecht. Das heißt: Tauchen Fragen auf, empfiehlt sich zunächst ein Blick in das Landespressegesetz des entsprechenden Bundeslandes. Im Folgenden möchten wir einige Vorschriften kurz erläutern, weisen jedoch darauf hin, dass diese Aufstellung keinen Anspruch auf Vollständigkeit erhebt und in einigen Bundesländern abweichen kann.

Öffentliche Aufgabe der Presse

Wohl wichtigster Punkt des Landespresserechts ist die Anerkennung einer öffentlichen Aufgabe der Presse. Sie leistet einen wesentlichen Beitrag zur Verbreitung von Informationen, der Meinungsbildung und damit der Findung des Gemeinwohls. Zusätzlich wird die Kontrollfunktion der Presse betont.

Sorgfaltspflicht

Die Sorgfaltspflicht ergibt sich aus der Pflicht zur Wahrheit und beschreibt die Auferlegung, zur Verbreitung bestimmte Informationen mit der nach den

Rechtliches

Umständen gebotenen Sorgfalt auf Inhalt, Herkunft und Wahrheit zu prüfen und die Verbreitung strafbarer Inhalte zu vermeiden.

Impressumspflicht

Aus der Meinungsfreiheit ergibt sich nicht das Recht, seine Meinung anonymisiert kundtun zu dürfen. Dies ist auch nicht notwendig, da der Staat den Schutz vor Übergriffen Dritter garantiert. Jedoch macht es das Schutzbedürfnis von Individuen, Unternehmen oder Verbänden vor zum Beispiel falschen oder ehrverletzenden Behauptungen notwendig, dass deren Verbreitung sanktioniert werden kann. Daher müssen bei Presseerzeugnissen bestimmte Kontaktdaten (meistens Name und Anschrift von Verleger und Drucker) genannt werden, die es Dritten oder dem Staat ermöglichen, straf-, privat- oder presserechtlich gegen den Herausgeber oder einen einzelnen Redakteur vorzugehen. Man muss für jede Publikation einen Verantwortlichen im Sinne des Presserechts (V.i.S.d.P.) angegeben, der sämtliche Inhalte vor ihrer Verbreitung überprüft. Schon das Unterlassen der Überprüfung stellt eine Pflichtverletzung dar.

In einem Impressum müssen mindestens enthalten sein:

1. Der Name und die Anschrift des verantwortlichen Redakteurs im Sinne des Presserechts (kurz: V.i.S.d.P.). Wenn mehrere Redakteure verantwortlich sind, müssen alle aufgeführt werden, mit dem jeweiligen Ressort für das sie zuständig sind.

2. Name und Anschrift des Anzeigenleiters.

3. Name und Anschrift des Druckers.

4. Name und Anschrift des Herausgebers oder des Verlegers, bei Schülern ist das meistens die Redaktion.

So kann ein Impressum aussehen:

Impressum

Blattlaus - Schülerzeitung der Schüler des Otto-Laus-Gymnasiums in Erdenstadt

Herausgeber: Redaktion der Schülerzeitung Blattlaus, Schulstraße 2, 01234 Erdenstadt

V.i.S.d.P.: Falk Schröck, Tannenweg 17, 01234 Erdenstadt

Redaktion: Anne Feder, Nils Stift, Sebastian Falz, Maria Umbruch, Stephan Bleisatz, Ad Obe

Mitarbeiter dieser Ausgabe: Oskar Aufmacher, Yvonne Winkler, Henrike Texter

Anzeigenleiterin: Karin Kohle, Südring 6, 01234 Erdenstadt

Druck: Merkur-Druck GmbH, Osthang 17, 43210 Marsfurt

> Ein Impressum gehört in jede Schülerzeitung. Hier steht, wie es aussehen muss.

Kennzeichnungspflicht von Anzeigen

Beiträge, für deren Veröffentlichung ein Entgelt entrichtet wurde, müssen deutlich mit dem Wort „Anzeige" gekennzeichnet werden, wenn sie nicht eindeutig als solche zu identifizieren sind.

Ablieferungspflicht

Von jedem Exemplar eines veröffentlichten Presseerzeugnisses müssen ein oder mehrere sogenannte Pflichtexemplare an die entsprechende Landesbibliothek abgeliefert werden. Diese Ablieferungspflicht ist oft an einen zeitlichen Rahmen gebunden.

Gegendarstellungspflicht

Jeder, der von einer veröffentlichten Behauptung in der Presse betroffen ist, hat das Recht, in einer Gegendarstellung den Sachverhalt aus eigener Sicht darzustellen. Hierzu reicht der Betroffene einen selbst verfassten Bericht ein, der frei von Meinungen ist.

Rechtliches

Das Presseerzeugnis, in dem die Meldung erschienen ist, auf die sich die Gegendarstellung bezieht („Erstmeldung"), muss den Bericht zum nächstmöglichen Veröffentlichungstermin an gleicher Stelle in gleicher Größe veröffentlichen. Die Gegendarstellung darf hierbei nicht länger sein als die Erstmeldung.

Eine Veröffentlichung der Gegendarstellung kann nicht abgelehnt werden, wenn ihr Inhalt unwahr ist.

Zur Bewertung der Gegendarstellung muss zunächst festgehalten werden, dass es sich ganz eindeutig um einen Eingriff in die Pressefreiheit handelt, da zum Beispiel eine Zeitung so dazu verpflichtet wird, auf der ersten Seite eine Meldung zu veröffentlichen, die sie womöglich gar nicht veröffentlichen will. Somit wird ihr die Hoheit über den Inhalt des Blattes teilweise entrissen.

Rechtfertigen lässt sich dies mit dem Schutz anderer vor der Macht der Presse: Zwar ist die Veröffentlichung unwahrer Behauptungen verboten, aber in bestimmten Fällen ist dies trotz sorgfältiger Prüfung nicht aufgefallen oder stand zum Zeitpunkt der Veröffentlichung noch nicht fest. Da der Presse gestattet ist, Behauptungen auch dann zu veröffentlichen, wenn deren Wahrheit zwar wahrscheinlich, aber nicht hundertprozentig belegbar ist, soll die Waffengleichheit gewährleistet werden. Um den Opfern einer entstandenen Falschmeldung die Möglichkeit zur Darstellung der Sichtweise von einem anderen Standpunkt aus zu ermöglichen, gibt der Gesetzgeber ihnen die Möglichkeit zur Gegendarstellung.

Glossar

von Abfahren bis Zwischenüberschrift

Abfahren

Eine Zeitung oder Zeitschrift zum Satz oder Druck freigeben.

Abschießen

Das Fotografieren einer Person ohne deren Einwilligung.

Aktionsjournalismus

Aktionen mit dem Leser: Leser einladen, selbst aktiv zu werden (wählen, singen, dichten, spenden). Dies ist ein beliebtes Mittel im Radio um eine hohe Hörerbindung zu erreichen. Aktionen von Journalisten: Recherche vor Ort mit Straßeninterviews oder als verkleidete Reporter zum Beispiel in einer Rollenreportage.

Allgemeine Geschäftsbedingungen

Vorformulierte Vertragsbedingungen, die eine Vertragspartei der anderen bei Vertragsabschluss stellt. Änderungen können vereinbart werden.

Anfeaturen

Einen Text lebendiger machen. Aus einer trockenen Nachricht einen lebendigen in Richtung Reportage machen.

Arie

Spottwort in Redaktionen oder Pflichtartikel zu bestimmten Anlässen wie Pfingsten, Weihnachten oder ein zu lang geratener Text.

Artikel

Jeder Beitrag, der eine gewisse Länge hat wie ein Feature oder ein Hintergrundbericht. In der Wahrnehmung der meisten Leser: Jeder redaktionelle Text.

Archiv

Materialsammlung für Hintergrund und Recherche.

Aufhänger

Aktueller Anlass oder origineller Einstieg in die Darstellung eines möglicherweise nicht mehr aktuellen Themas, das sonst nicht mehr genügend Leser interessieren würde. Oft der erste Absatz.

Auflage

Gedruckte Auflage - Alle gedruckten Exemplare einer Zeitung

Verbreitete Auflage - Alle verteilten Exemplare

Verkaufte Auflage - von Abonnenten bestellte und im Einzelverkauf verkaufte Menge der Exemplare

Aufmacher

Das Thema auf Seite eins mit der größten Schlagzeile, in Zeitschriften das erste große Thema im Heft, mindestens Teil des Titelbildes.

Aufmachung

Die Art, einen Artikel, Text, Bild, Layout zu gestalten.

Ausschluss

Variabler Zwischenraum zwischen den Wörtern, damit die Zeilen beim Blocksatz voll werden.

Ausschuss

Nicht einwandfrei gedruckte Exemplare, die nicht verkauft werden Auch Artikel, die nicht gedruckt wurden.

Glossar

Belegexemplar

Zum Beweis einer erbrachten Leistung erhalten z.B. Anzeigen-kunden ein Exemplar der gedruckten Zeitung.

Bericht

Längere Nachricht, die sich auf die Wiedergabe wesentlicher Ergebnisse beschränkt.

Blatt

Journalistenjargon für die eigene Zeitung oder Zeitschrift.

Blattmacher

Redakteur, der de facto entscheidet, was ins Blatt kommt (Chef vom Dienst, Chefredakteur).

Bleiwüste

„Seitengestaltung", die nur aus Text besteht und keine grafischen Elemente enthält.

Blocksatz

Text, der links und rechts einen geraden Rand hat (so wie meistens in diesem Buch).

Brotschrift

Grundschrift, die Schrift, in der die normalen Lauftexte einer Zeitung oder Zeitschrift gesetzt werden.

Bruch

Zeitung: Knick in der Mitte der Seite

Zeitschrift: Knick in der Mitte jeder Doppelseite des aufgeschlagenen Heftes

Clippings

Zeitungsausschnitte zu einem Thema oder zu einem Tag.

Covern

Ein Ereignis zum Gegenstand der Berichterstattung machen.

Dachzeile

Teil der Überschrift.

Desktop-Publishing (DTP)

Erstellen von Publikationen mit dem Computer (engl.: „auf dem Schreibtisch").

Deutscher Presserat

Gemeinsame Institution der Verleger- und Journalistenverbände, die die Interessen der Presse vertritt und gegen Missstände im Pressewesen vorgeht.

Dokumentation

Zusammenstellen, Ordnen, Aufbereiten von Dokumenten und anderen Unterlagen, unter Einschluss der mündlichen Recherche

Das Zusammengestellte selbst

Ein Artikel, der überwiegend aus dokumentarischen Texten besteht

Redaktionsarchiv

Durchschuss

Zwischenraum zwischen den Zeilen. Bei mehr Durchschuss ist mehr „Luft" zwischen den Zeilen.

Editorial

Meist auf Seite drei in Zeitschriften wie die Hausmitteilung beim Spiegel oder Meinungsartikel des Herausgebers/Chefredakteurs.

Einstieg

Der Beginn des Textes.

Fahne

Erster Abzug gesetzter, noch nicht umgebrochener Texte, zur Korrektur und Längenkontrolle.

Feature

Allerweltswort für lebendig geschriebene Texte oder lebendig gestaltete Sendungen abseits des Nachrichtenstils.

Feuilleton

Der Kulturteil der Zeitung.

Flash

Die Blitzmeldung von Agenturen.

Flattersatz

Text läuft ungerade aus – wie auf einer mechanischen Schreibmaschine.

Gegendarstellung

Jede natürliche und juristische Person, die durch eine Tatsachenbehauptung in einer Zeitung betroffen ist, kann unter Einhaltung

Glossar

bestimmter Regeln verlangen, dass eine von ihm selbst verfasste Äußerung in einer der nächsten Ausgaben der Zeitung abgedruckt wird.

Gestorben

Ein Thema, ein Beitrag wird nicht weiter recherchiert oder der geschriebene Text wandert ohne veröffentlicht zu werden in die Mülltonne.

Glosse

Text, der sich mit ironischen und humoristischen Formulierungen mit einem bestimmten Ereignis auseinandersetzt, oft Menschen einen „Spiegel vorhält".

Grafik

Grafische Darstellung, das Schaubild, die Infografik.

Headline

Schlagzeile, Überschrift.

„Hurenkind"

Letzte Zeile des Absatzes ist die erste Zeile einer neuen Spalte. Manchmal werden die Zeilen geblockt, damit es nicht auffällt. In anderen Redaktionen werden die Absätze gekürzt oder verlängert (Siehe auch „Schusterjunge").

Hintergrundbericht

Die Entwicklung eines aktuellen Ereignisses wird aufgearbeitet, damit der Leser (Hörer, Zuschauer) die Hintergründe für Ereignisse besser verstehen kann.

Illustrieren

Einen Beitrag mit Grafiken und Fotos versehen.

Impressum

Zeigt an, wer die Zeitung herausgibt und wer für den Inhalt verantwortlich ist. Jedes periodische Druckwerk (erscheint mind. alle sechs Monate) muss ein Impressum haben.

Initial

Als Gestaltungsmittel wird der erste Buchstabe eines Textes oder Absatzes über mehre Zeilen gesetzt.

Kapitälchen

Großbuchstaben in der Höhe eines Kleinbuchstabens.

Knüller

Aufsehen erregende Nachricht, Sensation.

Kolumne

Meinungsartikel, den ein Autor regelmäßig an einem bestimmten Platz publiziert (z.B. Paul Breitner in der Bildzeitung).

Kommentar

Meinungsäußerung eines Journalisten zu einem bestimmten Thema. Kritik, Wertung, Meinungsartikel.

Korken

Grober Fehler.

Korrespondenten

Viele Medien haben Mitarbeiter in der ganzen Welt, um Themen als erste oder einzige aufzugreifen und darüber zu berichten.

Lauftext

Auch Fließtext, der zentrale, fortlaufende Text eines Beitrages.

Layout

Optische Gestaltung einer Zeitung, Zeitschrift oder Homepage. Der dazu notwendige Arbeitsprozess wird ebenfalls Layout genannt.

Lead

Einstieg in einen Artikel. Der erste Satz einer Nachricht, der Einstieg in die Nachricht. Synonym für Vorspann, wenn er die Länge eines Satzes überschreitet.

Leitartikel

Sehr guter Namensartikel. Kann sowohl eine Meinungsäußerung, die auf einer intensiven Analyse basiert, oder eine Gebrauchsanweisung für einen komplexen Sachverhalt sein. Ein Leitartikel erfordert Zeit, Engagement, Misstrauen und vor allem den Willen, dem Leser einen Dienst zu erweisen.

Mediadaten

Informationen über Auflage, Druckformat, Seitenzahl, Anzeigenpreise etc. einer Publikation.

Meldung

Kurzer Artikel, der zu einem Thema in einem oder wenigen Sätzen die wesentlichen Tatsachen nennt.

Glossar

Meinungsfreiheit

Das Grundrecht, die eigene Meinung in Wort, Bild und Schrift frei zu äußern und zu verbreiten.

Nachricht

Eine Information über Tatsachen, die für den Adressaten in der Regel neu und interessant ist.

Nullnummer

Die erste Ausgabe einer Zeitung wird nur produziert, um die Wirkung zu testen. Sie wird nicht verkauft.

Off record

Außerhalb des Protokolls, nicht zur Veröffentlichung gedacht.

Offsetdruck

Qualitativ hochwertiges Druckverfahren, bei dem die Druckvorlagen auf eine Metallplatte abfotografiert werden.

Pressekodex

Vom Deutschen Presserat aufgestellte Regeln für eine faire Berichterstattung. Nicht verbindlich und kein Gesetz.

Presserecht

Ländergesetze über die Rechte der Presse.

Punkt und Pica

Maße für die Schriftgröße. Dieser Text ist 9 Punkt (ca. 0,75 Pica) groß.

Recherche

Die Suche nach Informationen.

Redaktion

Das Team, das die Zeitung journalistisch erstellt.

Redigieren

Texte vor allem stilistisch nachbearbeiten.

Reportage

Textform, die Tatsachen wiedergibt, die der Autor selbst erlebt hat. Sie gibt Beobachtungen wieder und darf subjektive Färbungen und Impressionen enthalten. Urteile zu fällen bleibt dem Leser überlassen.

Rollenreportage

Ein Journalist verkleidet sich und berichtet beispielsweise aus der Sicht eines Ausländers, der versucht, eine Arbeitsstelle zu bekommen (Beispiel: Günter Wallraff als Ali in „Ganz unten").

Rubrik

Ständige Einrichtung in einer Zeitung oder Zeitschrift (Leserbriefe, Lehrervorstellung) werden oft Rubriken genannt.

Scheckbuch-Journalismus

Kauf von Information. Wird von seriösen Journalisten abgelehnt.

Schlussredaktion

Überprüfung der Artikel auf Textlänge, Grammatik, Verständlichkeit, gegebenenfalls Qualität.

Schriftgrad

Größe der Schrift, gemessen in Punkt.

Skonto

Rabatt bei Zahlung der Rechnung innerhalb einer bestimmten, sehr kurzen Frist.

Satzspiegel

Synonym für Layout einer Seite.

Schleichwerbung

Redaktionelle Veröffentlichungen, die auf Unternehmen, Erzeugnisse hinweisen, ohne, dass sie redaktionell bearbeitet wurden.

Schusterjunge

Die letzte Zeile der Spalte ist die erste Zeile eines neuen Absatzes (Siehe auch „Hurenkind").

Sorgfaltspflicht der Presse

Verpflichtung, jede Nachricht vor ihrer Verbreitung auf Wahrheit und Herkunft zu prüfen.

Sperrfrist

Die Veröffentlichung bestimmter Nachrichten soll bis zu einem bestimmten Zeitpunkt, dem Ablauf der Sperrfrist, verzögert werden. Sie ist nur einzuhalten, wenn sie sachlich gerechtfertigt ist (wie noch nicht gehaltene Rede, noch nicht gefasste Beschlüsse).

Glossar

Spitze

In vielen Lokalzeitungen das Synonym für eine Glosse (Lokalspitze).

Story

Der Kern einer Nachricht.

Struktur

Die Verteilung der Rubriken, Texte und Anzeigen im Heft geben ihm eine Struktur.

Teaser

Ein Kasten auf einer der ersten Seiten, der zum Weiterlesen aus Seite X animieren soll.

Titel

Hat mehrere Bedeutungen. Die Überschrift für einen Artikel, der Kopf der Seite eins bei einer Zeitung, die Titelseite einer Zeitschrift, im Buchhandel: Das Buch, sofern das Werk und nicht ein einzelnes Exemplar gemeint ist.

Überlauf

Wenn der Text nicht auf eine Seite passt, sondern auf der nächsten Seite fortgeführt wird, läuft der Text über.

Überschrift

Auch Titel. Kann aus drei Elementen bestehen. Immer aus der Hauptzeile, Schlagzeile, Headline. Meistens noch mit einer Unterzeile oder / und Dachzeile.

Verantwortlicher Redakteur

ViSdP (Verantwortlicher im Sinne des Presserechts) ist ein Redaktionsmitglied, das für die Einhaltung des Presserechts verantwortlich ist.

Visualisieren

Veranschaulichen des Textes durch Fotos und / oder Infografiken.

Werturteil

Behauptung, die eine innere Überzeugung ausdrückt

Zensur

Behördliche Prüfung und mögliches Verbot von Zeitungen oder einzelnen Texten.

Zeugnisverweigerungsrecht

Das Recht für journalistisch Tätige, die Aussage zum Schutz ihrer Informanten und Informationsquellen zu verweigern.

Zwischenüberschrift

Die Überschrift im Text, zur optischen oder inhaltlichen Gliederung von längeren Texten als Anreiz für den Leser, wieder in den Text einzusteigen.

Pressekodex

Regeln für einen fairen Journalismus

Nicht alles, was von Rechts wegen zulässig wäre, ist auch ethisch vertretbar. Deshalb hat der Deutsche Presserat die publizistischen Grundsätze, den sogenannten Pressekodex, aufgestellt.

Darin finden sich Regeln für die tägliche Arbeit der Journalisten, die der Wahrung der Berufsethik sicherstellen.

Ergänzt werden die Grundsätze durch zusätzliche Richtlinien, die aufgrund aktueller Entwicklungen und Ereignisse ständig fortgeschrieben werden (abrufbar mit Fallbeispielen unter www.presserat.de).

1. Die Achtung vor der Wahrheit, die Wahrung der Menschenwürde und die wahrhaftige Unterrichtung der Öffentlichkeit sind oberste Gebote der Presse.

2. Zur Veröffentlichung bestimmte Nachrichten und Informationen in Wort und Bild sind mit der nach den Umständen gebotenen Sorgfalt auf ihren Wahrheitsgehalt zu prüfen. Ihr Sinn darf durch Bearbeitung,

Regeln für einen fairen Journalismus

Überschrift oder Bildbeschriftung weder entstellt noch verfälscht werden. Dokumente müssen sinngetreu wiedergegeben werden. Unbestätigte Meldungen, Gerüchte und Vermutungen sind als solche erkennbar zu machen. Symbolfotos müssen als solche kenntlich sein oder erkennbar gemacht werden.

3. Veröffentlichte Nachrichten oder Behauptungen, insbesondere personenbezogener Art, die sich nachträglich als falsch erweisen, hat das Publikationsorgan, das sie gebracht hat, unverzüglich von sich aus in angemessener Weise richtigzustellen.

4. Bei der Beschaffung von personenbezogenen Daten, Nachrichten, Informationen und Bildern dürfen keine unlauteren Methoden angewandt werden.

5. Die vereinbarte Vertraulichkeit ist grundsätzlich zu wahren.

6. Jede in der Presse tätige Person wahrt das Ansehen und die Glaubwürdigkeit der Medien sowie das Berufsgeheimnis, macht vom Zeugnisverweigerungsrecht Gebrauch und gibt Informanten ohne deren ausdrückliche Zustimmung nicht preis.

7. Die Verantwortung der Presse gegenüber der Öffentlichkeit gebietet, dass redaktionelle Veröffentlichungen nicht durch private oder geschäftliche Interessen Dritter oder durch persönliche wirtschaftliche Interessen der Journalistinnen und Journalisten beeinflusst werden. Verleger und Redakteure wehren derartige Versuche ab und achten auf eine klare Trennung zwischen redaktionellem Text und Veröffentlichungen zu werblichen Zwecken.

8. Die Presse achtet das Privatleben und die Intimsphäre des Menschen. Berührt jedoch das private

Pressekodex

Verhalten öffentliche Interessen, so kann es im Einzelfall in der Presse erörtert werden. Dabei ist zu prüfen, ob durch eine Veröffentlichung Persönlichkeitsrechte Unbeteiligter verletzt werden. Die Presse achtet das Recht auf informationelle Selbstbestimmung und gewährleistet den redaktionellen Datenschutz.

9. Es widerspricht journalistischem Anstand, unbegründete Behauptungen und Beschuldigungen, insbesondere ehrverletzender Natur, zu veröffentlichen.

10. Veröffentlichungen in Wort und Bild, die das sittliche oder religiöse Empfinden einer Personengruppe nach Form und Inhalt wesentlich verletzen können, sind mit der Verantwortung der Presse nicht zu vereinbaren.

11. Die Presse verzichtet auf eine unangemessen sensationelle Darstellung von Gewalt und Brutalität. Der Schutz der Jugend ist in der Berichterstattung zu berücksichtigen.

12. Niemand darf wegen seines Geschlechts oder seiner Zugehörigkeit zu einer rassischen, ethnischen, religiösen, sozialen oder nationalen Gruppe diskriminiert werden.

13. Die Berichterstattung über Ermittlungsverfahren, Strafverfahren

Regeln für einen fairen Journalismus

und sonstige förmliche Verfahren muss frei von Vorurteilen erfolgen. Die Presse vermeidet deshalb vor Beginn und während der Dauer eines solchen Verfahrens in Darstellung und Überschrift jede präjudizierende Stellungnahme. Ein Verdächtiger darf vor einem gerichtlichen Urteil nicht als Schuldiger hingestellt werden. Über Entscheidungen von Gerichten soll nicht ohne schwerwiegende Rechtfertigungsgründe vor deren Bekanntgabe berichtet werden.

14. Bei Berichten über medizinische Themen ist eine unangemessen sensationelle Darstellung zu vermeiden, die unbegründete Befürchtungen oder Hoffnungen beim Leser erwecken könnte. Forschungsergebnisse, die sich in einem frühen Stadium befinden, sollten nicht als abgeschlossen oder nahezu abgeschlossen dargestellt werden.

15. Die Annahme und Gewährung von Vorteilen jeder Art, die geeignet sein könnten, die Entscheidungsfreiheit von Verlag und Redaktion zu beeinträchtigen, sind mit dem Ansehen, der Unabhängigkeit und der Aufgabe der Presse unvereinbar. Wer sich für die Verbreitung oder Unterdrückung von Nachrichten bestechen lässt, handelt unehrenhaft und berufswidrig.

16. Es entspricht fairer Berichterstattung, vom Deutschen Presserat öffentlich ausgesprochene Rügen abzudrucken, insbesondere in den betroffenen Publikationsorganen.

Foto: Jugendpresse Deutschland e.V.

Service

Jugendpresse Deutschland e.V.

Wer hinter dem Buch steckt

In allen Bundesländern haben sich junge Medienmacher zu regionalen Jugendpresse-Verbänden zusammengeschlossen. Sie alle verbindet der Spaß am Medienmachen. Egal ob Schreiber, Fotografen, Webdesigner, Layouter, Radiomacher oder Videofilmer sind - sie genießen die Vorteile, die ein Medienverband jungen Journalisten bieten kann.

Die Jugendpresse Deutschland ist der Bundesverband dieser landesweiten Vereine. Sie koordiniert die Arbeit zwischen den Verbänden und sorgt zum Beispiel dafür, dass auch ein Schwabe von einer Jugendmedienveranstaltung in Köln erfährt. Sie kümmert sich darum, dass junge Journalisten bundesweit einen Jugend-

Jugendpresse Deutschland e.V.

Presseausweis erhalten können, ist Ansprechpartner wenn es um Ausbildungsfragen in Medienberufen geht, erstellt Bücher und Zeitschriften und organisiert Seminare, Workshops und Pressefahrten.

Jährlich finden neben einmalig stattfindenden Großprojekten mit den bundesweiten Jugendmedientagen und der youth media convention zwei Jugendpresse-Highlights statt, die junge Medienmacher mit gestandenen Journalisten zusammenbringen.

Bei der Jugendpresse Deutschland und ihren Landesverbänden bestimmen Jugendliche selbst das Programm. Schüler, Zivis, Wehrdienstleistende oder Studenten legen fest, was für Veranstaltungen organisiert, welche Broschüren produziert und welche Wettbewerbe ausgeschrieben werden.

Alle arbeiten ehrenamtlich, das heißt: Die gesamte Jugendpresse funktioniert nur, weil junge Menschen ihre Freizeit dafür einsetzen. Die Jugendpresse Deutschland ist gemeinnützig und wird für ihre Arbeit von der Bundeszentrale für politische Bildung und dem Bundesministerium für Familie, Senioren, Frauen und Jugend unterstützt. Außerdem ist die Jugendpresse Deutschland parteipolitisch unabhängig. Sie arbeitet mit Stiftungen und Bildungswerken aller politischen Richtungen zusammen und macht sich für die Rechte junger Journalisten stark.

Was ist Jugendpresse?
- Wir sind das Netzwerk medienbegeisterter Menschen in Deutschland
- Wir vermitteln journalistisches Handwerk und machen Medien mit Leidenschaft
- Wir sind eine unabhängige Plattform für Engagement, Austausch und Selbstverwirklichung junger Medienmacher
- Wir fördern Medienkompetenz und leben demokratische Kultur
- Wir hinterfragen und bewegen Gesellschaft

Wie du uns erreichen kannst:

Jugendpresse Deutschland e.V.
Wöhlertstr. 18
10115 Berlin
Tel. 030/ 450 86 550
Fax 030/ 450 86 559
E-Mail: buero@jugendpresse.de
Internet: www.jugendpresse.de

Service

Im Web 2.0

- Blog: http://blog.jugendmedien.de
- Twitter: http://www.twitter.com/jugendmedien
- Facebook: Seite „Jugendmedien"
- StudiVZ: Gruppe „Jugendpresse Deutschland"
- SchuelerVZ: Gruppe „Jugendpresse Deutschland"
- Xing: https://www.xing.com/net/jugendmedien/

Jugend-Presseausweis

Informationen zum bundeseinheitlichen und anerkannten Ausweis für junge Journalisten
Die Landesverbände der Jugendpresse Deutschland e.V. geben den Jugend-Presseausweis heraus. Dieser wird vom Deutschen Journalisten-Verband und der Deutschen Journalisten-Union (in ver.di) unterstützt und ist somit der anerkannte Presseausweis für junge Journalisten. Als Ergänzung zum Jugend-Presseausweis dient das Jugendpresse-Autoschild.

Der Jugend-Presseausweis soll jungen Medienmachern bei der Recherche helfen einfacher an Informationen zu kommen. Mit dem Jugend-Presseausweis kann die journalistische Tätigkeit glaubhaft nachgewiesen werden. Daher werden bei der Neuausstellung und Verlängerung zwei aktuelle Nachweise (nicht älter als sechs Monate) verlangt. Da der Presseausweis fast den Status eines amtlichen Dokuments genießt, stellen wir anhand einer Personalausweis-Kopie die Identität des Inhabers sicher.

Alle Informationen zum Jugend-Presseausweis findest du im Leitfaden, welchen du bei deinem Landesverband bekommst oder auf der Homepage der Jugendpresse Deutschland herunterladen kannst:

http://www.jugendpresse.de/jugend-presseausweis/

Service für Schülerzeitungen

Schülerzeitungswettbewerb der Länder

Bewerbt euch für die nächste Runde des Schülerzeitungswettbewerbs. Denn bevor wir eure Schülerzeitung als eine der besten die besten bundesweit prämieren können, müsst ihr erst einige Hürden nehmen, euch gegen die Konkurrenz in eurem Bundesland durchschlagen und die regionale Jury überzeugen. Die besten Zeitungen aus den Länderentscheidungen werden dann an uns weitergegeben und messen sich im Bundesentscheid mit den besten Schülerzeitungen der Republik. Vielleicht kann eure Zeitung sich dann „Gewinner des Schülerzeitungswettbewerbs der Länder" nennen. Probiert's aus!.

Aktuelle Informationen zum Wettbewerb erhältst du unter:

http://www.schuelerzeitung.de/wettbewerb

Die Schülerzeitungs-Offensive der Jugendpresse Deutschland startet ständig neue Initiativen für junge Medienmacher. Das junge Team der Offensive bietet viele Weiterbildungs- und Serviceangebote rund ums Zeitungmachen und organisiert den jährlichen Schülerzeitungswettbewerb der Länder, in dem die besten Schülerzeitungsredakteure Deutschlands ausgezeichnet werden.

Weitere Infos findet ihr auch auf:

www.schuelerzeitung.de

Forum

Im Schülerzeitungs-Forum habt ihr die Möglichkeit euch untereinander auszutauschen. Konnten nicht alle Fragen im Handbuch geklärt werden? Wer benutzt welches Layoutprogramm? Gibt es Probleme, neue Redakteure zu finden? Es gibt keine dummen Fragen.

Also, ran an die Tasten und ins Forum unter:

http://www.schuelerzeitung.de/forum

Service

Anzeigenvermittlung über die Jugendpresse Deutschland und adbrixx

Es gibt viele Unternehmen, die mit ihren Werbebotschaften ausschließlich Schüler erreichen wollen. Gleichzeitig scheidet die Belegung einzelner Schülerzeitungen für nationale Werbekunden in der Regel aus: Jede Schülerzeitung einzeln zu kontaktieren ist a) zu aufwändig und b) aus strategischer Sicht nicht werberelevant, wenn man die Anzahl gering hält.

Die Jugendpresse Deutschland und adbrixx haben deshalb eine Plattform entwickelt, über die sich Schülerzeitungen einerseits anbieten und Werbepartner anderseits ihre Werbekampagnen planen, buchen und abwickeln können. Vermarktet auch ihr Werbeseiten eurer Schülerzeitung professionell und überregional über unsere Onlineplattform und verdient ohne großen Aufwand einen Zuschuss zu euren Druckkosten.

Viele hundert Schülerzeitungen aus ganz Deutschland lassen sich bereits über adbrixx erfolgreich vermarkten und profitieren von Anzeigenumsätzen aus regionalen und nationalen Werbekampagnen.

Der Vorteil: Dadurch, dass Werbepartnern gleich eine größere Anzahl an Schülerzeitungen vermittelt werden kann, wird das Medium Schülerzeitung auch für Werbekunden interessant, die sich sonst eher für ein auflagenstärkeres Medium entschieden hätten.

Weitere Infos zur Vermittlung und zur Anmeldung findet ihr auf:

http://www.schuelerzeitung.de/anzeigen

Service für Schülerzeitungen

Recherchematerial

Hinsetzen, Thema finden, loslegen? So einfach ist es im Journalismus nicht. Zu jedem Artikel gehört eine fundierte, ausführliche und präzise Recherche. Denn: Ein Artikel ist nur so viel wert wie seine Recherche.

Wie man am besten recherchiert, welche Probleme es gibt und wie man sie vermeiden kann - dazu gibt es von uns jetzt eine kurze Sammlung für alle Schüler-zeitungs- und Jungredakteure. Zum Weiterdenken, Weiterinformieren und Beherzigen. Und jährlich kommen zwei neue Recherchemappen zu weiteren Themen hinzu.

Die Dokumente findest du unter:

http://www.schuelerzeitung.de/recherche

Mobile Akademie

Medien machen -- aber wie?
Eine Schülerzeitung soll her, aber keiner weiß wie?

Ihr wollt endlich verstehen, was da täglich über den Bildschirm flimmert und warum in jeder Zeitung etwas anderes steht?
Dafür ist jetzt die Mobile Akademie da!
Die Jugendpresse Deutschland bietet einen Ein-Tages-Workshop direkt an der Schule an. Das Angebot richtet sich alle Schulen, die an der Gründung einer Schüler-zeitung interessiert sind. Interessierte Schüler können sich in einer Gruppe von bis zu 20 Leuten zusammen tun und einen Einsatz der Mobilen Akademie bestellen.

Alle Vorteile auf einen Blick:

- Kompetente Schulun-gen durch ausgebilde-te Teamer der Jugend-presse Deutschland
- Lernen auf Augen-höhe, da die Teamer auch Jugendliche sind
- Geringer Aufwand für Lehrer, da die Mobile Akademie vor Ort an der Schule stattfindet

Weitere Information zur Mobilen Akademie findest du unter:

http://www.schuelerzeitung.de/akademie

Service

Online-Handbuch

Das Schülerzeitungs-Handbuch, das du in deinen Händen hältst, gibt es auch als Online-Version. Dies ist praktisch, um eben mal schnell etwas nachzuschauen und aktuelle Informationen zu erhalten.

Erreichen kannst du das Handbuch unter:

http://www.schuelerzeitung.de/handbuch

Jugendpresse-TELEX

Erhalte einmal monatlich die Neuigkeiten aus der Jugendmedien-Szene zu Veranstaltungen, Seminaren, Workshops, Tipps und Wettbewerben per E-Mail. Einfach deine Mailadresse angeben. Fertig.

Anmelden kannst du dich auf der Startseite unter:

http://www.jugendpresse.de

Fotos für deine Schülerzeitung

Auf Jugendfotos.de kannst du deine Fotos veröffentlichen oder Fotos für Schülerzeitung, deine Homepage bzw. den nächsten Flyer kostenfrei herunterladen. Die Fotos stehen alle unter einer Creative-Commons-Lizenz und können unter Angabe des Autors und der Quelle für Nicht-Kommerzielle-Zwecke verwendet werden.

Weitere Informationen erhältst du unter:

http://www.jugendfotos.de

Jugendmedien.de

Mit der Plattform jugendmedien.de wollen wir dich bei deiner journalistischen Arbeit unterstützen. Hier kannst du dich mit anderen jungen Medienmachern vernetzen und in Gruppen über medienrelevante Themen diskutieren, wie beispielsweise im Schüler-zeitungs-Forum. Zudem kannst du Anzeigen für deine Schülerzeitung mit adbrixx bekommen und Fotos für dein Medium finden.

Weitere Informationen erhältst du unter:

http://www.jugendmedien.de

Service vor Ort

In jedem Bundesland gibt es einen Landesverband der dir bei deiner Arbeit vor Ort gern hilft, dir Unter-stützung anbietet und den Jugend-Presseausweis ausstellt. Wie du deinen Landesverband erreichen kannst, findest du unter:

http://www.jugendpresse.de/regional/